Texte détérioré — reliure défectueuse

NF Z 43-120-11

LE RETOUR

DE

L'ILE D'ELBE

RACONTÉ PAR

A. THIERS, ancien Président de la République;

DE VAULABELLE, ancien Ministre de la République;

DE CHATEAUBRIAND, ancien Ministre de la Restauration.

NOUVELLE ÉDITION

Revue, abrégée et mise en ordre

Par F. PERRON

Prix : 25 centimes.

PARIS

A LA LIBRAIRIE AMYOT

8, RUE DE LA PAIX, 8

Et chez les principaux Libraires.

1876

TABLE DES MATIÈRES

LE RETOUR

DE

L'ILE D'ELBE

BUT DE CET ÉCRIT.

Pour renverser l'Empire et en rendre le retour impossible, ses ennemis, les républicains et les orléanistes, se sont efforcés de détruire, par la calomnie et l'injure, la légende napoléonienne.

C'est donc un devoir pour les amis de l'Empire de défendre cette glorieuse légende et de la rappeler à l'esprit des populations.

La brochure suivante n'a pas d'autre but.

CHAPITRE PREMIER

LES ENNEMIS DE L'EMPIRE ET DE LA FRANCE
NOUVELLE

La Révolution de 89, en proclamant *l'égalité* de tous les Français, a complétement transformé la France.

A la place de ces provinces, de ces classes, de ces corporations diverses, dont chacune avait ses priviléges et qui formaient autant de nations dans la nation, l'égalité a substitué une nation unique dont tous les éléments sont soumis à la loi commune.

L'égalité devant la loi : tel est donc le principe vital de la France nouvelle, comme le régime du privilége était celui de l'ancienne France.

Toutes les libertés découlent de l'égalité ; voilà pourquoi la France nouvelle tient beaucoup plus à celle-ci qu'à celles-là. Elle peut renoncer momentanément à certaines libertés, car elle sait qu'avec l'égalité elle les retrouvera toujours ; mais la moindre atteinte à l'égalité la révolte, comme une atteinte à sa propre vie.

Depuis 89, deux ennemis, également funestes, s'opposent au développement régulier de la France nouvelle : les réactionnaires qui repoussent l'égalité et les démagogues qui, en l'exagérant, la dénaturent. Les premiers s'efforcent de ramener le pays en arrière, les seconds, sous prétexte de le pousser en avant, le conduisent aux abîmes.

En présence de ces deux sortes d'ennemis, la France a dû chercher une force capable de leur résister. Elle crut, d'abord, l'avoir trouvée dans la République. Mais les sanglants excès de la Convention et les honteuses faiblesse du Directoire n'ont pas tardé à lui prouver que le gouvernement républicain n'était pas moins impuissant que la monarchie pour la défendre contre les fureurs de la démagogie et les réactions de l'ancien régime. Cette force, doublement tutélaire, elle ne l'a rencontrée que dans le génie et l'énergie du plus glorieux enfant de la Révolution, et c'est pour cela qu'elle lui a donné l'Empire.

Les ennemis de la France nouvelle, aussi bien les démagogues que les réactionnaires, ont eu beau s'allier entre eux et avec l'étranger pour renverser l'Empire ; la France s'est obstinée à le relever. En ce moment encore c'est vers l'Empire qu'elle tourne ses espérances et ses vœux.

Les nouveaux essais qu'elle a faits de la République en 1848 et 1870 ont accumulé sur elle les hontes et les désastres, et n'ont pu qu'accroître son aversion pour un gouvernement pareil. Les souvenirs que la Restauration et la royauté de Juillet ont laissés dans l'âme de la nation rendent leur retour impossible. Le seul gouvernement que la France n'a cessé de vouloir et de revendiquer, parce qu'il est le seul qui, en s'identifiant avec elle, ait su protéger les droits et les intérêts de tous, c'est l'Empire, non un Empire abstrait, mais l'Empire avec un Napoléon pour empereur.

Les masses ne séparent jamais les gouvernements des dynasties qui les ont personnifiés ou des dates qui les rappellent. Aux yeux de la France, les gouvernements antipopulaires seront toujours ceux des Bourbons et des d'Orléans ; la République, toujours celle de 93, des journées de juin, du 4 septembre et de la Commune ; tandis que l'Empire ne lui retrace que des souvenirs de gloire, de prospérité et de progrès, ou une communauté de malheurs qui le lui rendent encore plus cher.

Jamais les sentiments de la France pour sa glorieuse dynastie nationale ne se sont manifestés d'une manière, à la fois, plus touchante et plus éclatante, qu'au *Retour de l'île d'Elbe*. La nouvelle du débarquement de l'Empereur produisit sur elle l'effet d'une secousse électrique. Les populations et l'armée firent éclater un enthousiasme qui tenait du délire.

Les sentiments de la France sont encore aujourd'hui les mêmes. Elle saura bien le prouver.

Pour donner au récit du *Retour de l'île d'Elbe* une autorité indiscutable, nous l'empruntons textuellement, en l'abrégeant, à des historiens qui ne sont pas suspects de partialité envers l'Empire. Ce sont ses adversaires qui vont nous retracer cette grande page, la plus merveilleuse de notre histoire.

Écoutons d'abord M. THIERS, dans son *Histoire du Consulat et de l'Empire*.

CHAPITRE II

OCCUPATIONS DE L'EMPEREUR A L'ILE D'ELBE

Napoléon, transporté à l'île d'Elbe sur une frégate anglaise, avait mouillé, le 4 mai 1814, dans la rade de Porto Ferrajo.

Prenant avec soumission les choses qui s'offraient à lui, ne semblant pas s'apercevoir qu'elles fussent petites, il s'était mis à l'œuvre le lendemain même de son arrivée, et avait commencé par faire à cheval, en quelques heures, le tour de l'île; puis il avait arrêté le plan de son nouveau règne avec le zèle que, quinze ans auparavant, il apportait à réorganiser la France.

Ses premiers soins furent consacrés à la ville de Porto-Ferrajo, située sur une hauteur, à l'entrée d'un beau golfe tourné vers l'Italie. Napoléon s'appliqua sur-le-champ à la mettre en complet état de défense.

En se faisant suivre à l'île d'Elbe par un détachement de sa garde, il s'était assuré plusieurs centaines d'hommes dévoués, soit pour se défendre contre une basse violence, soit pour servir de fondement à quelque entreprise hasardeuse, si jamais il en voulait tenter une.

Après avoir pourvu à la défense de l'île d'Elbe, Napoléon y organisa une police des plus vigilantes. On ne pouvait aborder dans l'île sans qu'il en fût averti. Il avait, pour agir ainsi, d'assez graves motifs. Le gouvernement français avait placé en Corse un ancien aide-de-camp du duc d'Enghien, le général Bruslart, qu'on avait appelé à ce commandement, pour en faire le surveillant de l'île d'Elbe, et peut-être pis encore!

Il est certain que des intrigants se vantaient de pouvoir faire assassiner Napoléon, il est certain encore que des sicaires furent arrêtés et que les motifs de leur présence dans l'île d'Elbe restèrent fort équivoques. Napoléon les renvoya, en leur déclarant qu'à l'avenir le premier d'entre eux, surpris dans l'île d'Elbe, serait fusillé, et il ajouta qu'au premier grief fondé, il ferait enlever le général Bruslart en pleine ville de Bastia par cinquante hommes déterminés et en ferait, à la face de l'Europe, une justice éclatante. Le général Bruslart se tint tranquille.

Quant au personnel des forces de Napoléon, il avait montré autant d'art à disposer d'un millier d'hommes, que jadis à disposer d'un million. Avant de quitter Fontainebleau, Drouot lui avait choisi avec beaucoup de soin, parmi les soldats de la vieille garde, tous prêts à le suivre, environ 600 grenadiers et chasseurs à pied, une centaine de cavaliers, et une vingtaine de marins, en tout 724 hommes d'élite. Napoléon y ajouta un renfort de 300 soldats durs et intrépides, pris dans le bataillon chargé de la garde de l'île d'Elbe. Il disposait par conséquent de 1,100 hommes de troupes régulières et de la première qualité ; c'était un moyen de se garantir ou contre une violence, ou contre une déportation lointaine.

Napoléon avait également pris soin de se créer une marine. Il avait trouvé à Porto-Ferrajo un brick, *l'Inconstant*, en assez bon état, et une goëlette. Il avait acheté à Livourne une felouque et deux avisos. Avec ces bâtiments et un ou deux autres qu'il était facile de se procurer, Napoléon avait de quoi embarquer les onze cents hommes composant sa petite armée.

Ces soins donnés à sa sûreté et à son avenir, Napoléon songea à embellir son séjour, à le rendre supportable pour lui, pour sa famille, pour ses soldats, à développer la prospérité de son peuple.

Outre sa résidence à Porto-Ferrajo, il voulut avoir une maison des champs, et il en fit construire une dans une charmante vallée débouchant sur la rade de Porto-Ferrajo.

Après avoir préparé sa double résidence à la ville et à la campagne, il s'occupa de sa capitale. Il en fit nettoyer et paver les rues; il y construisit une jolie fontaine qui versait des eaux jaillissantes; il rendit carrossable deux grandes routes traversant l'île entière.

Appliquant à ces objets, infiniments petits, ce puissant regard naguère fixé sur le monde et toujours sûr, dans les moindres choses comme dans les plus grandes, il s'occupait de tout ce qui pouvait améliorer le sol et faire prospérer le commerce de son île.

Mais, pour toutes ces entreprises, l'exiguïté

do ses finances était un obstacle difficile à surmonter.

Cet homme, le plus ambitieux des hommes, était de tous le moins occupé de ce qui le concernait personnellement. Il avait marché jusqu'au jour suprême de son abdication sans se demander de quoi il vivrait loin du trône. Ayant eu l'art d'économiser sur sa liste civile 150 millions, qu'il avait dépensés non pour lui, mais pour les besoins extraordinaires de la guerre, il compta pour la première fois au moment de quitter Fontainebleau.

Son trésor se montait alors à 3,400,000 fr. C'était là son unique ressource pour le faire vivre à l'île d'Elbe, lui et ses soldats, s'il se résignait à y finir ses jours. En effet, le subside annuel de 2 millions, que devait, d'après les traités, lui payer le gouvernement français, n'avait point été acquitté.

Sa vie, du reste, était calme et remplie. Sa mère avait voulu partager le nouveau destin de son fils et elle était à Porto-Ferrajo l'objet des respects de la cour exilée. La princesse Pauline Borghèse, qui poussait jusqu'à la passion l'amitié qu'elle ressentait pour son frère, n'avait pas manqué de venir aussi, et sa présence était infiniment douce à Napoléon. Elle s'était fort appliquée à le réconcilier avec Murat, ce qui n'avait pas été très-difficile. Napoléon avait peu de rancune, parce qu'il connaissait les hommes. Il savait que Murat était léger, vain, dévoré du désir de régner, mais bon autant que brave, et il lui avait pardonné.

Les devoirs de sa modeste souveraineté remplis, il passait son temps avec Bertrand et Drouot, tantôt à cheval et courant à travers l'île pour inspecter ses travaux, tantôt à pied ou en canot.

Il lisait les journaux avec soin et avec une pénétration qui lui faisait deviner la vérité à travers les mille assertions des journalistes, comme s'il avait assisté aux délibérations des cabinets. Selon lui, la Révolution française, arrêtée un moment dans sa marche, reprenait son cours irrésistible. L'ancien régime et la Révolution allaient se livrer de nouveaux et terribles combats, et, au milieu de ces troubles, il devait trouver l'occasion de reparaître sur la scène.

Dans cette disposition, il était avide de

nouvelles et il aurait voulu en avoir d'autres
que celles qu'il trouvait dans les gazettes. Il
avait bien envoyé quelques agents sur le con-
tinent italien, et ceux-ci lui avaient rapporté
que l'Italie tout entière se lèverait à son ap-
parition, s'il voulait y descendre ; mais cette
perspective ne l'avait guère tenté, car ce
n'était pas avec les Italiens qu'il se flattait
de tenir tête à l'Europe. C'est sur la France
qu'il aurait voulu recevoir des renseigne-
ments ; mais il n'osait pas écrire aux hommes
considérables qui l'avaient servi, de peur de
les compromettre, et ceux-ci, de peur de le
compromettre lui-même, avaient gardé une
égale réserve. Il avait été mieux informé de
ce qui se passait à Vienne.

M. Meneval, son ancien secrétaire, dont la
fidélité et le zèle ne s'étaient point démentis,
lui envoyait des nouvelles fréquentes. Il les
tenait de madame de Brignole, qui les
recevait des principaux personnages de
Vienne, et notamment de M. le duc de Dalberg,
son gendre, ministre de Louis XVIII. Elle avait
appris le projet de déporter Napoléon dans
une île de l'océan Atlantique. M. Meneval
n'avait pas manqué d'en faire part à Napo-

léon. A cette nouvelle il en avait ajouté une autre, celle de la séparation prochaine du congrès et des souverains.

Ces diverses informations avaient produit sur Napoléon une impression extrêmement vive. Il s'était déjà dit plus d'une fois que, pour lui, pour sa gloire même, il valait mieux une fin tragique qu'une molle vieillesse dans cette tranquille prison de l'île d'Elbe.

L'ennui visible de ses compagnons d'infortune l'encourageait fort dans ces pensées. Soldats et officiers supportaient impatiemment leur oisiveté. Ils le témoignaient souvent à Napoléon, et dans leur familiarité lui disaient : « Sire, quand partons-nous pour la France ? » Il leur répondait par le silence et un sourire amical, mais il devinait ce qui se passait au fond de leur cœur et prévoyait bien que leur patience n'égalerait pas la durée de son exil. Il cherchait à occuper les soldats en les faisant travailler à ses routes, à son jardin, et laissait ceux qui ne voulaient rien faire, ravager les vignes de son domaine de San-Martino, en riant de leurs innocentes déprédations. — « Nous venons de Saint-Cloud, » lui disaient-ils, quand il les rencontrait sur la route mangeant encore les raisins qu'ils lui avaient dérobés. — « C'est bien, » leur répondait-il, mais il sentait toute l'étendue de leur ennui et en souffrait plus qu'eux.

Tandis qu'il inclinait ainsi à s'échapper de sa prison, il reçut, après avoir été privé de communications pendant deux ou trois semaines, une quantité de gazettes à la fois. Il les dévora, et y trouva avec une vive satisfaction de nouveaux indices de la fermentation des esprits en France ; elles prouvaient que les militaires et le peuple étaient mûrs pour une révolution.

En ce moment on lui annonça l'arrivée à Porto-Ferrajo d'un jeune homme inconnu, qui se disait chargé d'une mission importante auprès de lui. Ce jeune homme était M. Fleury de Chaboulon qui a publié le récit de son entretien avec l'Empereur. Nous le citons en l'abrégeant :

« Le général Bertrand m'introduisit dans les appartements de l'Empereur, qui me fit asseoir à côté de lui. « Le grand maréchal, me dit-il d'un air froid et distrait, m'a annoncé que vous arriviez de France. Il paraît que vous connaissez Bassano. — Oui,

Sire. — Vous a-t-il remis une lettre pour moi ? Non, Sire. — Je vois bien qu'il m'a oublié comme tous les autres. Depuis que je suis ici, je n'ai entendu parler ni de lui, ni de personne. — Sire, dis-je, il n'a point cessé d'avoir pour Votre Majesté l'attachement et le dévouement que lui ont conservés tous les Français. — Quoi ! on pense donc encore à moi en France ? — On ne vous y oubliera jamais. — Jamais ! c'est beaucoup !

« Cette réponse me prouva que l'Empereur était mécontent de ce que je ne lui avais pas apporté de lettres et qu'il se défiait. « Que pense-t-on de moi en France ? me dit-il ensuite. — On y plaint et on y regrette Votre Majesté. — L'on y fait aussi sur moi beaucoup de fables et de mensonges.... Comment s'y trouve-t-on des Bourbons ? — Sire, ils n'ont point réalisé l'attente des Français et chaque jour le nombre des mécontents augmente. — Tant pis, tant pis. Comment, Bassano ne vous a point donné de lettres pour moi ? — Non, Sire, il a craint qu'elles ne me fussent enlevées ; mais comme il a pensé que Votre Majesté, obligée de se défier de tout le monde, se défierait peut-être aussi de moi, il

m'a révélé certaines circonstances qui,
n'étant connues que de Votre Majesté,
peuvent vous prouver que je suis digne de
votre confiance. — Voyons cés circonstances. » Je lui en détaillai quelques-unes.
Il ne me laissa pas achever. « Cela me suffit,
me dit-il ; pourquoi n'avoir point commencé
par me dire tout cela ? Voilà une demi-heure
que vous me faites perdre. »

« Cette bourrasque me déconcerta. Il s'en
aperçut, et me dit avec douceur : « Allons,
mettez-vous à votre aise, et racontez-moi
dans le plus grand détail tout ce qui s'est dit
et passé entre Bassano et vous. » Je lui rap-
portai mot à mot l'entretien que j'avais eu
avec M. de Bassano. Je lui fis une énuméra-
tion complète des fautes et des excès du gouvernement royal, et j'allais en déduire les
conséquences, lorsque l'Empereur m'ôta la
parole et me dit : « Je croyais aussi, lorsque
j'abdiquai, que les Bourbons, instruits et cor-
rigés par le malheur, ne retomberaient pas
dans les fautes qui les avaient perdus en
1789. J'espérais que le Roi vous gouvernerait
en bon homme. C'était le seul moyen de se
faire pardonner de vous avoir été donné par

des étrangers. Mais depuis que les Bourbons ont mis le pied en France, leurs ministres n'ont fait que des sottises. Leur traité du 23 avril, continua-t-il en élevant la voix, m'a profondément indigné ; d'un trait de plume ils ont dépouillé la France de la Belgique et des possessions qu'elle avait acquises depuis la Révolution ; ils lui ont fait perdre les flottes, les arsenaux, les chantiers, l'artillerie et le matériel immense que j'avais entassés dans les forteresses et dans les ports ; ils leur ont tout livré. C'est Talleyrand qui leur aura fait faire cette infamie ; on lui aura donné de l'argent. La paix est facile à de telles conditions. Si j'avais voulu, comme eux, signer la ruine de la France, ils ne seraient point sur mon trône. J'aurais mieux aimé me trancher la main !

« Mes ennemis ont publié partout que je m'étais refusé opiniâtrément à faire la paix ; ils m'ont représenté comme un misérable fou, avide de sang et de carnage. Si j'avais été possédé de la rage de la guerre, j'aurais pu me retirer avec mon armée au-delà de la Loire et savourer à mon aise la guerre de montagnes. Je ne l'ai pas voulu....

« Ils m'ont offert l'Italie pour prix de mon abdication ; je l'ai refusée. Quand on a régné sur la France, on ne doit pas régner ailleurs. J'ai choisi l'île d'Elbe. Cette position me convenait. Je pouvais veiller sur la France et sur les Bourbons. Tout ce que j'ai fait a toujours été pour la France. C'est pour elle, et non pour moi, que j'aurais voulu la rendre la première nation du monde.

« L'Empereur, se tut quelques instants et reprit : « Mes généraux vont-ils à la cour ? — Oui, Sire. — Ils doivent y faire une triste figure ? — Ils sont outrés de se voir préférer des émigrés, qui n'ont jamais entendu le bruit du canon. — Les émigrés seront toujours les mêmes.

« Que disent de moi les soldats ? — Les soldats, Sire, s'entretiennent sans cesse de vos immortelles victoires. Ils ne prononcent jamais votre nom qu'avec admiration, respect et douleur. Lorsque les princes leur donnent de l'argent, ils le boivent à votre santé. — (En souriant) Ils m'aiment donc toujours ? — Oui, sire, et j'oserai même dire plus que jamais. — Que disent-ils de nos malheurs ? — Ils les regardent comme l'effet de la trahison, et répètent sans cesse qu'ils n'auraient jamais été vaincus, si la France n'eût point été vendue aux ennemis; ils ont horreur surtout de la capitulation de Paris. — Ils ont raison; sans la défection du duc de Raguse, les alliés étaient perdus.

« Je suis bien aise d'apprendre que l'armée a conservé le sentiment de sa supériorité, et qu'elle rejette sur leurs véritables auteurs nos grandes infortunes. Je vois avec satisfaction que l'opinion que je m'étais formée de la France est exacte. Le gouvernement actuel est bon pour les prêtres, les nobles, les vieilles comtesses d'autrefois; il ne vaut rien pour la génération actuelle. Le peuple, habitué par la Révolution à compter dans l'Etat, ne consentira jamais à retomber dans son ancienne nullité... L'armée me sera toujours dévouée. Nos victoires et nos malheurs ont établi entre elle et moi un lien indestructible; avec moi seul elle peut retrouver la vengeance, la puissance et la gloire; avec le gouvernement actuel, elle ne peut gagner que des injures et des coups. »

« L'Empereur, en prononçant ces mots, gesticulait et marchait avec précipitation; il

avait plutôt l'air de parler seul que de parler
à quelqu'un. Tout à coup il s'arrête, et me
jetant un regard de côté, il me dit : « Bassano
croit-il que ces gens-là tiendront longtemps ?

— On est convaincu en France que le gouvernement royal marche à sa perte. — Mais
comment tout cela finira-t-il ? Croit-on qu'il
y aura une nouvelle révolution, et que feriez-
vous si vous chassiez les Bourbons ? Etabli-
riez-vous la république ? — La république,
Sire, on n'y songe point. Peut-être établirait-
on une régence. — Une régence ! s'écria-t-il
surpris et avec véhémence, et pourquoi faire ?
Suis-je donc mort ? — Mais, Sire, votre
absence. — Mon absence n'y fait rien. En
deux jours je serais en France, si la nation
me rappelait.

« Croyez-vous que je ferais bien de revenir ? ajouta l'Empereur en détournant les yeux.
« Sire, je n'ose résoudre personnellement une
semblable question ; mais... — Ce n'est point
cela que je vous demande, répondez oui ou
non. — Eh bien, oui, Sire, je suis convaincu,
ainsi que M. de Bassano, que le peuple et
l'armée vous recevraient en libérateur et em-
brasseraient votre cause avec enthousiasme.

— Bassano est donc d'avis que je revienne? dit l'Empereur avec un accent inquiet. — Nous avons prévu que Votre Majesté m'interrogerait sur ce point et voici textuellement sa réponse : « Vous direz à l'Empereur que je n'ose prendre sur moi une résolution aussi importante, mais que le gouvernement actuel s'est perdu dans l'esprit du peuple et de l'armée ; que le mécontentement est au comble. Vous ajouterez que l'Empereur est devenu l'objet des regrets et des vœux de l'armée et de la nation. L'Empereur décidera ensuite dans sa sagesse ce qui lui reste à faire. »

« Napoléon devint pensif, et, me dit : « Revenez demain à onze heures. »

« Le lendemain, je me présentai chez l'Empereur. Son maintien attestait un calme que démentaient ses yeux ; il était aisé de s'apercevoir qu'il avait éprouvé une violente agitation. « J'avais prévu l'état de crise où la France va se trouver, me dit-il ; mais je ne croyais pas que les choses fussent aussi avancées. Mon intention était de ne plus me mêler des affaires politiques ; ce que vous m'avez dit a changé mes résolutions. Mais avant de prendre un parti, j'ai besoin de connaitre à fond la situation de nos affaires : asseyez-vous et répétez-moi ce que vous m'avez dit hier; j'aime à vous entendre. »

« Rassuré par ces paroles je m'abandonnai, sans réserve à toutes les inspirations de mon esprit et de mon âme.

« Brave jeune homme, me dit l'Empereur après m'avoir attentivement écouté, vous avez l'âme française; mais votre imagination ne vous égare-t-elle pas ? — Non, Sire, le récit que je fais à Votre Majesté est fidèle; tout est exact... — Vous croyez donc que la France me recevra comme un libérateur ? Puissiez-vous ne pas vous tromper! D'ailleurs, j'arriverai si vite à Paris qu'ils n'auront pas le temps de savoir où donner de la tête. J'y serai aussitôt que la nouvelle de mon débarquement... Oui, ajouta Napoléon après avoir fait quelques pas, j'y suis résolu... L'entreprise est grande, difficile, périlleuse, mais elle n'est pas au-dessus de moi. La fortune ne m'a jamais abandonné dans les grandes occasions... Je partirai, non point seul, je ne veux point me laisser mettre la main sur le collet par des gendarmes; je partirai avec mon épée et mes grenadiers... La France est tout pour moi ; je lui sacrifierai avec joie mon repos, mon sang, ma vie !... »

» L'Empereur, après avoir prononcé ces mots, s'arrêta. Ses yeux étincelaient d'espoir et de génie ; son attitude annonçait la victoire. Reprenant la parole, il me dit : « Croyez-vous que les Bourbons oseront m'attendre à Paris ? — Non, Sire. Je ne le crois pas. — Mais que fera la garde nationale ? Croyez-vous qu'elle se battra pour eux ? — Je pense, Sire, qu'elle gardera la neutralité. — C'est déjà beaucoup... Et les maréchaux que feront-ils ? — Les maréchaux, comblés d'honneurs et de richesses, n'ont plus rien à désirer que le repos ; peut-être resteront-ils spectateurs de la crise. Peut-être même la crainte que Votre Majesté ne les punisse de l'avoir abandonnée ou trahie en 1814, les portera-t-elle a embrasser le parti du Roi. — Je ne punirai personne, entendez-vous ! s'écria l'Empereur. Dites-le bien à Bassano ; je veux tout oublier ; nous avons tous des reproches à nous faire.

« Quelle est la force de l'armée ? — Je l'ignore, Sire ; je sais qu'elle a été considérablement affaiblie par les désertions, par les congés, et que la plupart des régiments ont à peine 300 hommes. — Tant mieux; les mauvais soldats sont partis, les bons sont restés. Connaissez-vous les noms des officiers qui commandent sur les côtes et dans la 8ᵉ division (celle de Marseille)? Non, Sire. — Comment Bassano, dit-il avec humeur, ne m'a-t-il pas fait savoir tout cela? — Sire, il était, ainsi que moi, bien loin de prévoir que Votre Majesté prendrait sur le champ la résolution de reparaître en France. Il pouvait croire, d'ailleurs, d'après les bruits publics, que vos agents ne vous laissaient rien ignorer de tout ce qui pouvait vous intéresser... — J'ai su que les journaux prétendaient que j'avais des agents. C'est inexact. Vous êtes la première personne qui m'ait fait connaître la véritable situation de la France et des Bourbons.

« Partez : vous direz à Bassano que je suis décidé à tout braver pour répondre aux vœux de la France; que je partirai avec ma garde d'ici au 1ᵉʳ avril, ou peut-être plus tôt; que j'oublierai tout, que je pardonne tout; que je donnerai à la France et à l'Europe les garanties qu'elles peuvent exiger de moi; que j'ai renoncé à tout projet d'agrandissement et que je veux réparer, par une paix stable, le mal que nous a fait la guerre.

« Allez, Monsieur ; ce soir, une felouque vous conduira à Naples. Embrassez-moi. Mes pensées et mes vœux vous suivront. »

CHAPITRE III

NAPOLÉON SE DÉCIDE A RENTRER EN FRANCE

Gardant, dit M. Thiers, son secret pour lui seul, Napoléon s'en ouvrit cependant à sa mère. « Je ne puis, lui dit-il, mourir dans cette île, et terminer ma carrière dans un repos qui serait peu digne de moi. D'ailleurs, faute d'argent, je serais bientôt seul ici, et dès lors exposé à toutes les violences de mes nombreux ennemis. La France est agitée. Les Bourbons ont soulevé contre eux toutes les convictions et tous les intérêts attachés à la Révolution. L'armée me désire. Tout me fait espérer qu'à ma vue elle volera vers moi. Je puis sans doute rencontrer sur mon chemin un obstacle imprévu, un officier fidèle aux

Bourbons qui arrête l'élan des troupes, et alors je succomberai en quelques heures. Cette fin vaut mieux qu'un séjour prolongé dans cette île, avec l'avenir qui m'y attend. Je veux donc tenter encore une fois la fortune. Quel est votre avis, ma mère ? » Cette énergique femme éprouva un saisissement en écoutant cette confidence, et recula d'effroi. « Laissez-moi, lui répondit-elle, être mère un moment, et je vous dirai ensuite mon sentiment. — Elle se recueillit, puis d'un ton ferme et inspiré : « Partez, mon fils, partez, et suivez votre destinée. Vous échouerez peut-être et votre mort suivra de près une tentative manquée ; mais vous ne pouvez demeurer ici, je le vois avec douleur. Du reste, espérons que Dieu, qui vous a protégé au milieu de tant de batailles, vous protégera encore une fois. » Ces paroles dites, elle embrassa son fils avec une violente émotion.

Le parti de Napoléon, déjà pris, le fut plus résolûment encore. Le départ fut fixé au 26 février.

Pour mieux assurer le secret de ses préparatifs, Napoléon, deux jours avant de s'embarquer, fit mettre l'embargo sur tous les bâtiments entrés à l'île d'Elbe, et ne permit plus une seule communication avec la mer.

Le 26, jusqu'au milieu du jour, Napoléon laissa ses soldats continuer les travaux auxquels ils étaient employés. Dans l'après-midi on les convoqua subitement, on leur fit manger la soupe, puis on les rassembla sur le port avec armes et bagages, en leur disant qu'ils allaient monter à bord des bâtiments. Bien qu'on ne leur eût pas avoué que c'était pour se diriger vers la France, ils n'eurent pas un doute, et se livrèrent à des transports de joie inexprimables. Sortir de leur immobilité fatigante, agir, revoir la France, revenir au faîte de la puissance et de la gloire, étaient autant de perspectives qui les ravissaient, et ils remplirent la rade de Porto-Ferrajo des cris de : Vive l'Empereur !...

Napoléon ne tarda pas à paraître, accompagné de Bertrand, de Drouot, de Cambronne et de tout l'état-major qui l'avait suivi dans l'exil. Il venait de dîner avec sa mère et sa sœur, et, les embrassant à plusieurs reprises, tâchant en vain d'essuyer leurs larmes, il les quitta le cœur ému, mais ferme, et descendit au rivage, le front rayonnant d'espérance. Sa présence fit éclater de nouveaux cris d'enthousiasme, et bientôt la petite armée qui allait conquérir l'empire de France à la face de toute l'Europe fut à bord des bâtiments.

Vers sept heures du soir, la flottille impériale mit à la voile.

Le vent soufflant du sud, en ce moment, la fortune semblait vouloir favoriser cette audacieuse expédition, et protéger une dernière fois l'homme extraordinaire qu'elle avait plusieurs fois transporté au-delà des Alpes, conduit en Egypte, ramené sain et sauf en France, secondé dans toutes ses entreprises, des bords du Tage à ceux du Borysthène! Lui accorderait-elle encore une de ces faveurs dont elle avait rempli sa prodigieuse vie ? Là était le doute, qui n'en était pas un pour Napoléon ni pour ses soldats.

Bientôt commencèrent les alternatives qui se produisent même dans les plus brillantes réussites. L'heureux vent du sud faiblit sensiblement et la flottille resta immobile. Les commandants des navires voulaient rentrer dans le port ; Napoléon résolut de continuer son entreprise.

A midi le vent fraîchit et on s'éleva à la hauteur de Livourne. A droite, vers la côte de Gênes, on voyait une frégate et une autre à gauche, vers le large ; au loin, un vaisseau de ligne, poussé par un vent d'arrière, semblait se diriger sur la flottille. C'étaient là des périls qu'il fallait braver, en se fiant du résultat à la fortune. On continua de naviguer, et tout à coup on se trouva bord à bord avec un brick de guerre français, le *Zéphir*, commandé par le lieutenant de vaisseau Andrieux. Napoléon fit coucher ses grenadiers sur le pont, et ordonna au capitaine Taillade, qui connaissait le commandant Andrieux, de le saluer. Le commandant lui rendit son salut et lui demanda : « Comment se porte l'Empereur ? — Très-bien, répondit Napoléon lui-même. — Tant mieux », ajouta le commandant Andrieux ; et il poursuivit son chemin, sans soupçonner la rencontre qu'il venait de faire.

A la nuit, on vit disparaître les bâtiments de guerre qui avaient donné de l'inquiétude, et on mit le cap sur la France...

Le 1er mars, au matin, jour à jamais mémorable, on découvrit la côte avec une satis-

faction indicible. A midi, on aperçut Antibes
et les îles Sainte-Marguerite. A trois heures,
on mouilla dans le golfe Juan. Napoléon ayant
surmonté de la manière la plus heureuse les
premières difficultés de son entreprise, put
croire au retour de son ancienne fortune, et
ses soldats qui le croyaient comme lui firent
retentir les airs du cri de : Vive l'Empereur ?

A un signal donné et au bruit du canon,
on arbora sur tous les bâtiments le drapeau
tricolore ; chaque soldat prit la cocarde aux
trois couleurs et à cinq heures le débarquement était terminé. Les onze cents hommes
de Napoléon, avec quatre pièces de canon et
leur bagage, avaient établi leur bivouac dans
un champ d'oliviers, sur la route d'Antibes à
Cannes.

Donnons maintenant la parole à M. de
VAULABELLE.

CHAPITRE IV

PROCLAMATIONS DE L'EMPEREUR, SA MARCHE SUR GRENOBLE.

Le départ de l'île d'Elbe avait été si précipité, que l'Empereur n'avait pas eu le temps de préparer une seule proclamation ; ce fut l'œuvre des deux jours de la traversée. Deux adresses, l'une *au peuple*, l'autre *à l'armée*, furent dictées par Napoléon et copiées par tous les officiers et sous-officiers embarqués avec lui. Cinq cents copies se trouvaient faites lorsque la flottille toucha la rive. Quand tout le monde fut à terre, on forma les rangs ; les différents bataillons quittèrent le drapeau blanc parsemé d'abeilles, couleurs de l'île d'Elbe, et arborèrent le drapeau tricolore. Un ban fut ensuite battu, et les capitaines de chaque compagnie, se plaçant au centre, lurent d'une voix forte la proclamation suivante :

A L'ARMÉE.

« Soldats ! nous n'avons pas été vaincus !

Deux hommes, sortis de nos rangs, ont trahi nos lauriers, leur prince, leur bienfaiteur.

« Ceux que nous avons vus pendant vingt-cinq ans parcourir l'Europe pour nous susciter des ennemis, qui ont passé leur vie à combattre contre nous dans les rangs des armées étrangères, en maudissant notre belle France, prétendraient-ils commander et enchaîner nos aigles, eux qui n'ont jamais pu en soutenir les regards? Souffrirons-nous qu'ils héritent du fruit de nos glorieux travaux, qu'ils s'emparent de nos honneurs, de nos biens, qu'ils calomnient notre gloire? Si leur règne durait, tout serait perdu, même le souvenir de ces immortelles journées. Avec quel acharnement ils les dénaturent! Ils cherchent à empoisonner ce que le monde admire, et s'il reste encore des défenseurs de notre gloire, c'est parmi ces mêmes ennemis que nous avons combattus sur les champs de bataille.

« Soldats! dans mon exil, j'ai entendu

votre voix, je suis arrivé à travers tous les
obstacles et tous les périls.

« Votre général, appelé au trône par le
vœu du peuple et élevé sur vos pavois,
vous est rendu : venez le rejoindre.

« Arrachez ces couleurs que la nation a
proscrites, et qui, pendant vingt-cinq ans
servirent de ralliement à tous les ennemis
de la France. Arborez cette cocarde tricolore que vous portiez dans nos grandes
journées.

« Nous devons oublier que nous avons
été les maîtres des nations, mais nous ne
devons pas souffrir qu'aucune se mêle de
nos affaires. Qui prétendrait être maître
chez nous ? Qui en aurait le pouvoir ? Re-
prenez ces aigles que vous aviez à Ulm, à
Austerlitz, à Iéna, à Eylau, à Friedland, à
Tudéla, à Eckmühl, à Essling, à Wagram,
à Smolensk, à la Moskowa, à Lutzen, à
Wurtschen, à Montmirail ! Pensez-vous
que cette poignée de Français, aujourd'hui
si arrogants, puissent en soutenir la vue ?
Ils retourneront d'où ils viennent ; et là,

s'ils veulent, ils régneront, comme ils prétendent l'avoir fait, depuis dix-neuf ans !

« Vos rangs, vos biens, votre gloire ; les rangs, les biens et la gloire de vos enfants n'ont pas de plus grands ennemis que ces princes que les étrangers vous ont imposés; ils sont les ennemis de notre gloire, puisque le récit de tant d'actions héroïques qui ont illustré le peuple français, combattant contre eux pour se soustraire à leur joug, est leur condamnation.

« Les vétérans des armées de Sambre-et-Meuse, du Rhin, d'Italie, d'Égypte, de l'Ouest, de la Grande-Armée, sont humiliés ; leurs honorables cicatrices sont flétries ; leurs succès seraient des crimes ; ces braves seraient des rebelles, si, comme le prétendent les ennemis du peuple, les souverains légitimes étaient au milieu de l'ennemi. Les honneurs, les récompenses, leur affection sont pour ceux qui les ont servis contre la patrie et contre nous.

« Soldats ! venez vous ranger sous les drapeaux de votre chef. Son existence ne se compose que de la vôtre ; ses droits ne sont que ceux du peuple et les vôtres ; son intérêt, son honneur et sa gloire ne sont autres que votre intérêt, votre honneur et votre gloire. La victoire marchera au pas de charge ; l'aigle avec les couleurs nationales volera de clocher en clocher jusqu'aux tours de Notre-Dame. Alors, vous pourrez vous vanter de ce que vous aurez fait : vous serez les libérateurs de la patrie.

« Dans votre vieillesse, entourés et considérés de vos concitoyens, ils vous entendront, avec respect, raconter vos hauts faits ; vous pourrez dire avec orgueil : « Et » moi aussi je faisais partie de cette Grande- » Armée qui est entrée deux fois dans les » murs de Vienne, dans ceux de Berlin, de » Madrid, de Moscou, et qui a délivré Paris » de la souillure que la trahison et la pré- » sence de l'ennemi y ont empreinte. »

« Honneur à ces braves soldats, la gloire de la patrie, et honte éternelle aux Français criminels, dans quelque rang que la fortune les ait fait naître, qui combattirent

vingt-cinq ans avec l'étranger pour déchi-
rer le sein de la patrie !

« NAPOLÉON. »

L'éloquence et la mâle énergie de ce langage empruntaient un singulier caractère de
grandeur au lieu où la scène se passait.
Chaque compagnie répondit par le cri de :
Vive l'Empereur ! Chaque soldat, électrisé, se
tint prêt à braver tous les périls.

Deux routes s'ouvraient à l'Empereur pour
arriver à Lyon : l'une par Draguignan et les
vallées de la Durance et du Rhône ; l'autre
par le pied des Alpes jusqu'à Grenoble. La
première traversait des pays riches, des populations nombreuses, mais mal disposées.
La seconde courait à travers des contrées
montueuses et pauvres, mais dont les habitants,
à toutes les époques, avaient fait preuve du
patriotisme le plus énergique. Ce fut celle-là
qu'il choisit.

Le bivouac fut levé à onze heures du soir.
Napoléon, à la tête de sa petite troupe, traversa le bourg de Cannes, prit le chemin des
montagnes et se dirigea vers Grasse. Une

démonstration sur Antibes avait eu lieu. L'Empereur, avant de débarquer, avait détaché un capitaine de sa garde et vingt-cinq hommes pour s'emparer de la batterie de la côte dans le cas où il en existerait une. Le capitaine, ne trouvant point de batterie, conçut le projet de s'emparer d'Antibes. Il entra résolûment dans la place aux cris de : Vive l'Empereur ! Les soldats se montrèrent sympathiques, mais le général qui commandait fit lever les ponts-levis et fermer les portes; les vingt-cinq grenadiers se trouvèrent prisonniers.

Napoléon ne voulut point perdre de temps en vains pourparlers avec le commandant d'Antibes. Il marcha durant toute la nuit et pendant toute la matinée du lendemain sans se reposer.

Grasse, ville ouverte de 8 à 10,000 âmes, était en alarme quand Napoléon y arriva. On venait d'y répandre le bruit d'un nombreux débarquement de pirates. Toutes les boutiques et la plupart des fenêtres étaient fermées mais les habitants remplissaient les rues. La colonne traversa la ville et la foule sans provoquer la moindre manifestation. Arrivée de l'autre côté, sur une hauteur, elle s'arrêta. L'accueil silencieux de cette population avait étonné les soldats. Mais bientôt l'inquiétude cessa ; un grand nombre d'habitants, le premier moment de surprise passé, se portèrent vers la colonne impériale avec des aliments de toute espèce et aux cris de : Vive l'Empereur ! Après un repos d'une heure, Napoléon se remit en marche, abandonnant ses quatre pièces d'artillerie dont le transport l'aurait embarrassé. Le soir, 2 mars, il coucha au village de Cérénon, sur la limite du département des Basses-Alpes. Dans cette première journée, lui et ses soldats avaient fait vingt lieues.

Le 3, l'Empereur vint coucher à Barême. Le 4, il dîna à Digne, ville ouverte, chef-lieu des Basses-Alpes, que le général, commandant le département, venait de quitter avec la garnison dont il redoutait les dispositions. Digne possédait une ou deux presses ; les adresses rédigées à bord de l'*Inconstant* y furent imprimées. Nous avons reproduit la proclamation *à l'armée*; celle adressée au peuple était ainsi conçue :

AU PEUPLE FRANÇAIS.

« Français ! la défection du duc de Castiglione livra Lyon sans défense à nos ennemis : l'armée, dont je lui avait confié le commandement, était, par le nombre de ses bataillons, la bravoure et le patriotisme des troupes qui la composaient, à même de battre le corps d'armée autrichien qui lui était opposé et d'arriver sur le flanc de l'armée ennemie qui menaçait Paris.

« Les victoires de Champaubert, de Montmirail, de Château-Thierry, de Vauxchamps, de Mormans, de Montereau, de Craonne, de Reims, d'Arcis-sur-Aube et de Saint-Dizier, l'insurrection des braves paysans de la Lorraine, de la Champagne, de l'Alsace, de la Franche-Comté et de la Bourgogne, et la position que j'avais prise sur les derrières de l'armée ennemie, en la séparant de ses magasins, de ses parcs de réserve, de ses convois et de tous ses équipages, l'avaient placée dans une position désespérée. Les Français ne furent jamais sur le point d'être plus puissants, et l'élite de l'armée ennemie était perdue sans ressource, elle eût trouvé son tombeau dans ces vastes contrées qu'elle avait si impitoyablement saccagées, lorsque la trahison du duc de Raguse livra la capitale et désorganisa l'armée.

« La conduite inattendue de ces deux généraux, qui trahirent à la fois leur patrie, leur prince, leur bienfaiteur, changea le destin de la guerre.

« Dans ces nouvelles et grandes circonstances, mon cœur fut déchiré, mais mon âme resta inébranlable. Je ne consultai que l'intérêt de la patrie ; je m'exilai sur un rocher au milieu des mers ; ma vie vous était et devait encore vous être utile. Je ne permis pas que le grand nombre de citoyens qui voulaient m'accompagner partageassent mon sort ; je crus leur présence utile à la France et je n'emmenai avec moi qu'une poignée de braves, nécessaires à ma garde.

« Elevé au trône par votre choix, tout ce qui a été fait sans vous est illégitime. Depuis vingt-cinq ans, la France a de nouveaux intérêts, de nouvelles institutions, une nouvelle gloire, qui ne peuvent être garantis que par un gouvernement national, et par une dynastie née dans ces nouvelles circonstances.

« Un prince qui régnerait sur vous, qui serait assis sur mon trône par la force des mêmes armées qui ont ravagé notre territoire, chercherait en vain à l'étayer des principes du droit féodal; il ne pourrait assurer l'honneur et les droits que d'un petit nombre d'individus, ennemis du peuple qui, depuis vingt-cinq ans, les a condamnés dans toutes les assemblées nationales. Votre tranquillité intérieure et votre considération extérieure seraient perdues à jamais.

« Français! dans mon exil, j'ai entendu vos plaintes et vos vœux: vous réclamez ce gouvernement de votre choix, qui seul est légitime. Vous accusez mon long sommeil, vous me reprochez de sacrifier à mon repos les grands intérêts de la patrie.

« J'ai traversé les mers, au milieu des périls de toute espèce; j'arrive parmi vous reprendre mes droits qui sont les vôtres.

« Tout ce que des individus ont fait, écrit ou dit depuis la prise de Paris, je l'ignorerai toujours; cela n'influera en rien sur le souvenir que je conserve des services importants qu'ils ont rendus; car il est des événements d'une telle nature, qu'ils sont au-dessus de l'organisation humaine.

« Français! il n'est aucune nation, quelque petite qu'elle soit, qui n'ait eu le droit et qui ne se soit soustraite au déshonneur d'obéir à un prince imposé par un ennemi momentanément victorieux. Lorsque Charles VII rentra à Paris et renversa le trône éphémère de Henri VI il reconnut tenir son trône de la vaillance de ses braves et non d'un prince régent d'Angleterre. C'est aussi à vous seuls et aux braves de l'armée que je fais et ferai toujours gloire de tout devoir.

« NAPOLÉON. »

Digne fournit à l'Empereur un petit nombre de chevaux pour ses lanciers polonais. Ces braves gens, les officiers comme les soldats, obligés de quitter l'île d'Elbe sans pouvoir y embarquer leurs montures, en avaient emporté l'équipement, et marchaient joyeusement à l'avant-garde, courbés sous ce lourd bagage. Napoléon faisait acheter pour eux tous les chevaux qu'il rencontrait et remontait ainsi, homme par homme, sa petite cavalerie.

La route de Digne à Gap, chef-lieu des Hautes-Alpes, traverse la Durance à Sisteron.

Le pont de cette dernière ville, protégé par une forteresse, pouvait offrir un obstacle à la petite troupe impériale, s'il était occupé ou défendu. Le général Cambronne s'y porta dans la nuit avec une simple avant-garde de quarante grenadiers et se rendit maître du passage. L'Empereur y arriva dans la matinée avec le reste de son détachement. Prenant

alors les devants avec les quarante grenadiers
de Cambronne et six lanciers polonais, il entra
le soir dans Gap, entouré de cette faible escorte. Les autorités de Gap comme celles
de Digne, s'étaient retirées devant lui.

A mesure que Napoléon s'éloignait de la
Méditerranée et pénétrait vers le Dauphiné,
le peuple des villes et les habitants des campagnes témoignaient plus d'attachement à sa
personne et accueillaient sa venue avec plus
d'enthousiasme. Ces sentiments, toutefois,
empruntaient au rude et franc patriotisme de
ces populations un caractère d'indépendance
auquel Napoléon n'était pas habitué. Mais les
préjugés, puisés par l'Empereur dans l'exercice d'un long pouvoir absolu, se turent devant l'expression de ce dévouement si énergique et si pur à la grande cause nationale.
Il remercia les montagnards des Alpes, dans
un langage qui appartenait à la période
consulaire plutôt qu'à l'époque impériale.
Voici la proclamation qu'il leur adressa :

Aux habitants des Hautes et Basses-Alpes.

« Citoyens ! j'ai été vivement touché des sentiments que vous m'avez montrés ; vos vœux seront exaucés. La cause de la nation triomphera encore ! Vous avez raison de m'appeler votre père ; je ne vis que pour l'honneur de la France. Mon retour dissipe toutes vos inquiétudes, il garantit la conservation de toutes les propriétés. l'égalité entre toutes les classes et les droits dont vous jouissiez depuis vingt-cinq ans, droits après lesquels nos pères ont tous soupiré et qui forment aujourd'hui une partie de votre existence.

« Napoléon. »

L'Empereur ne quitta Gap, le 6 mars, qu'à deux heures de l'après-midi. Les adresses *au peuple* et *à l'armée*, et la courte proclamation que nous venons de reproduire, affichées dans toute la ville, avaient excité au plus haut degré l'enthousiasme des habitants.

Le même jour, Napoléon vint coucher à Corps. Seuls, Cambronne et ses quarante grenadiers, avant-garde infatigable, poussèrent le même soir jusqu'à La Mure. Ils durent s'y arrêter ; la route se trouvait barrée par un bataillon du 5° de ligne et deux compagnies de sapeurs-mineurs, en tout sept à huit cents soldats, avant-garde d'un corps de six mille hommes que le gouvernement réunissait à Grenoble. C'était les premières troupes contre lesquelles l'Empereur devait se heurter.

Cambronne essaya de parlementer avec les avant-postes ; on lui répondit qu'il y avait défense de communiquer. Il fit avertir l'Empereur. Mais, dans la nuit, le commandant des troupes royales, alarmé des dispositions des habitants de La Mure, craignant d'ailleurs de se voir tourné, rétrograda de trois lieues et vint prendre position en avant de Vizille, sur un point où la route se trouve resserrée entre les lacs de Laffray. Le lendemain, 7, Napoléon, poursuivant sa marche, traversa La Mure et s'approcha des lacs. Les deux colonnes se trouvèrent bientôt en vue. L'Empereur alors s'arrêta et donna à son officier d'ordonnance, le chef d'escadron Raoul, l'ordre d'aller le faire reconnaître. Cet officier reçut la même réponse que Cambronne ; on menaça même de tirer sur lui, s'il insistait. Napoléon comprit que le succès de son entreprise dépendait de cette première rencontre : il fit continuer la marche.

La route suivait une vallée assez resserrée. Dans les champs, dans les prés, des deux côtés du chemin et sur les flancs de la route royale, on voyait un nombre considérable d'habitants de la campagne, que le bruit du prochain passage de l'Empereur, ainsi que la présence des détachements revenus pendant la nuit de La Mure, avaient fait accourir de tous les villages voisins. Les vœux de cette population étaient pour l'Empereur ; la vue de ce souverain exaltait l'enthousiasme et comblait les espérances de cette foule ; elle brûlait de se jeter au-devant de lui, de le saluer de ses acclamations ; et cependant l'inquiétude, l'attente de ce qui allait se passer la tenaient muette et immobile.

Quand les deux colonnes furent en présence, Napoléon commanda aux siens de mettre l'arme sous le bras, et, descendant de cheval, il s'avança vers les troupes royales. Ses grenadiers, le canon de leurs fusils dirigé vers la terre, ne le suivaient qu'à distance. Le moindre mouvement, un cri, un coup de feu décidaient en ce moment de la destinée de Napoléon. Nul, toutefois, ne bougeait. Toutes les pensées des hommes réunis sur cet étroit espace semblaient concentrées dans leurs regards; leurs yeux ne quittaient pas ce chef à redingote grise qui, seul, isolé des siens, la contenance calme et la poitrine découverte, marchait droit aux sept cents soldats armés, placés en travers de sa route. Arrivé à vingt pas du front de bataille, Napoléon s'arrêta, porta la main à son chapeau, salua, et dit d'une voix forte :

« Soldats du 5° de ligne, s'il en est un seul « parmi vous qui veuille tuer son général, « son empereur, il le peut : me voilà ! »

Il y eut alors un moment de silence suprême; puis un immense cri de : *Vive l'Empereur !* se fit entendre. Les rangs des deux troupes furent aussitôt confondus; les soldats entourent l'Empereur, les larmes aux yeux, baisant ses mains, ses habits et montrant une joie qui tenait du délire. Les habitants se mêlèrent aux soldats; pendant quelques instants, toute cette foule ne forma qu'un seul groupe; Napoléon s'y trouvait enfermé. Il disait aux soldats du 5° de ligne : « Je viens « avec une poignée de braves, parce que je « compte sur le peuple et sur vous. Le trône « des Bourbons est illégitime, puisqu'il n'a « pas été élevé par la nation; il est contraire « à la volonté nationale, puisqu'il est contraire « aux intérêts de notre pays, et qu'il n'existe « que dans l'intérêt d'un petit nombre de « familles. Demandez à vos pères; interro- « gez ces braves paysans : vous apprendrez « de leur bouche la véritable situation des « choses. Ils sont menacés du retour des « dîmes, des priviléges, des droits féodaux « et de tous les abus dont vos succès les « avaient délivrés. N'est-il pas vrai, mes « amis? ajoutait Napoléon en s'adressant aux « montagnards. — Oh! oui, Sire, répondaient « ceux-ci tout d'une voix; on voulait nous « attacher à la terre. Vous venez, comme « l'ange du Seigneur, pour nous sauver. »

Le bataillon du 5° demanda à Napoléon la faveur de former son avant-garde; l'Empereur la lui accorda. On se remit en marche. Les habitants de la campagne suivirent la troupe;

leur nombre, grossi par les hommes de tous
les villages placés sur la route, s'élevait à
plusieurs milliers quand la tête de la colonne
entra dans Vizille. Là, l'enthousiasme fut ex-
trême ; les habitants firent à Napoléon une
véritable entrée triomphale. L'Empereur avait
peine à s'avancer au milieu de la foule eni-
vrée qui se précipitait sur ses pas. « C'est ici
qu'est née la révolution ! s'écriaient les habitants de Vizille. C'est nous qui, les premiers,
avons osé réclamer les droits des hommes libres ! C'est encore ici que resuscite la liberté
française ! » On s'efforçait de le retenir ; il résista à toutes les instances. Il voulait arriver
à Grenoble avant la nuit. La possession de
cette place, qui renfermait six régiments, devait en effet décider militairement le succès
de son entreprise. Grenoble ne lui donnait pas
seulement des troupes ; il y trouvait un ar-
senal, des approvisionnements et un point
d'appui.

Dès la veille, la fermentation était
grande dans les casernes et sur les places publiques de Grenoble. Des cris de vive l'Empereur ! avaient éclaté durant toute la nuit, et
telle était l'excitation de la population et des

soldats, le matin du 7, que ni les autorités militaires, ni l'autorité civile n'avaient déjà plus l'influence et la force nécessaires pour arrêter le mouvement. Dans la journée, les nouvelles venues du dehors sur l'approche de l'Empereur portèrent l'effervescence au comble. Les soldats voulaient courir au devant de leur ancien souverain. Le colonel du 11e de ligne, désespérant de contenir son régiment, le fit sortir de la place et parvint à l'entraîner sur la route de Chambéry.

Le colonel Labédoyère, vers les quatre heures, sortit également à la tête du sien (le 7e); mais il prit la route de Vizille et conduisit ses soldats au devant de l'Empereur, qui l'embrassa avec effusion. Le général Marchand et le préfet, craignant de voir le reste de la garnison suivre le même chemin, firent fermer les portes, Grenoble, lorsque l'Empereur parut devant ses murs, à neuf heures du soir, présentait un spectacle étrange. Sur le sommet des remparts, les soldats restés dans la ville et les habitants saluant de cris enthousiastes la venue de la colonne impériale ; au pied des murailles, les grenadiers de l'île d'Elbe, le 7e de ligne, le bataillon du 5e, et plusieurs

milliers de gens de la campagne, répondant
à ces acclamations et furieux de ne pouvoir
entrer. Les sapeurs des deux troupes se mi-
rent à l'œuvre ; les portes, attaquées au de-
dans et au dehors à coups de haches, volè-
rent en éclats ; leurs débris furent recueillis;
on les présenta à l'Empereur : « Nous ne pouvons vous offrir les clefs de la ville, lui dirent
les soldats et le peuple, mais en voici les
portes. » L'entrée de Napoléon eut lieu aux
flambeaux.

Le lendemain, 8 mars, Napoléon recevait
les autorités municipales et tous les corps
constitués. A deux heures, il passait la revue
des régiments de toutes armes, au milieu
d'une population immense, qui faisait entendre les cris de: « A bas les Bourbons! à
bas les ennemis du peuple! vive l'Empereur!»
La revue achevée, toutes les troupes quittèrent immédiatement la ville pour se porter à
marche forcée sur Lyon. Un fait peut aider à
comprendre les événements de cette époque.
Chaque soldat, en sortant le matin de sa
chambrée, avait au shako une cocarde tricolore, vieille, usée, relique glorieuse que tous
avaient pieusement cachée au fond de leurs

sacs lorsqu'ils avaient dû prendre la cocarde blanche.

CHAPITRE V

ARRIVÉE DE L'EMPEREUR A LYON. — IMPUISSANCE DU GOUVERNEMENT ROYAL.

Le 9, l'Empereur vint coucher à Bourgoin. Sa marche sur cette route était un véritable triomphe. La calèche où il se tenait assis, constamment entourée par une foule compacte de gens de la campagne, ne pouvait aller qu'au pas. Cette populaire escorte faisait éclater sa joie, tantôt par des cris, tantôt par des chansons. Quelques-uns adressaient la parole à l'Empereur : « Enfin, vous voilà arrivé ! disaient-ils ; nous allons donc être débarrassés de l'insolence des nobles et des prétentions des prêtres; nous serons vengés de l'étranger.» Napoléon souriait. Le 10, au soir, il était devant Lyon.

C'est de Lyon que, le 5 mars, la première nouvelle du débarquement au golfe Juan avait été transmise à Paris par le télégraphe. La dépêche était ainsi conçue :

« Bonaparte a débarqué, le 1er mars, près
« de Cannes, dans le département du Var,
« avec 1,200 hommes et quatre pièces de
« canon. Toutes les mesures sont prises pour
« l'arrêter et déjouer cette tentative insen-
« sée. Tout annonce le meilleur esprit dans
« les départements méridionaux. La tranquil-
« lité publique est assurée. »

C'est à M. de Vitrolles, ministre d'Etat, que la dépêche arriva; il la porta immédiatement aux Tuileries. Louis XVIII la lut sans manifester la moindre inquiétude ; il se contenta de dire à M. de Vitrolles, avec l'accent de la plus profonde indifférence : Allez voir le maréchal Soult, et dites-lui de faire ce qui sera nécessaire. » Le maréchal refusait de croire à la nouvelle.

Le lendemain 6, une seconde dépêche annonça que Napoléon s'avançait positivement par Digne et Gap sur Grenoble et sur Lyon. L'assurance de la veille faiblit un peu. Louis XVIII lui-même commençait à soupçonner la gravité de l'événement. M. de Blacas, en revanche, n'était pas ébranlé ; sa confiance restait absolue ; il s'efforçait de la faire partager à son maître. « Le retour de Bonaparte n'a sans doute rien de grave, répondait le Roi. Je crois comme vous que c'est une folie ; mais enfin ce n'est pas un événement ordinaire, il y a quelque chose derrière : certainement, c'est un complot. » Les Bourbons avaient conspiré durant vingt-cinq ans ; ils ne croyaient qu'aux complots.

Ni la cour, ni les ministres ne savaient rien des deux ou trois conjurations, toutes publiques, où le nom du duc d'Orléans jouait un rôle si important. Elles avaient été ourdies par Fouché qui travaillait à renverser les Bourbons, soit au profit de la régence de l'Impératrice, soit plutôt au profit du duc d'Orléans. Toutefois, le passé de ce prince, sa position et son attitude exceptionnelles au milieu de la famille royale avaient instinctivement appelé sur lui l'attention de M. de Vitrolles.

On décida que le duc partirait avec le comte d'Artois pour Lyon.

Sa capacité militaire et celle du comte d'Artois, ainsi que leur influence sur les soldats, n'inspiraient qu'une confiance médiocre à eux-mêmes et aux ministres. On convint de leur adjoindre un homme du métier pour commander les troupes. Le maréchal Macdonald fut choisi.

L'impression produite à Paris par la lecture du *Moniteur* du 7 mars, annonçant le débarquement de Napoléon, fut immense; les journaux royalistes, échos du gouvernement et de la cour, en reproduisant le lendemain les nouvelles de la feuille officielle, affectaient le calme le plus rassurant; ils annonçaient « que Bonaparte avait inutilement sommé la « ville de Digne; que cette cité lui avait refusé le passage et que, ne trouvant dans « les campagnes, pas plus que dans les villes, « l'empressement sur lequel il avait eu la « *simplicité* de compter, Bonaparte s'était *réfugié* sur la *crête* des montagnes. »

C'est le 8 que le *Journal des Débats*, entre autres, publiait ces nouvelles, et, ce jour-là même, Napoléon passait des revues à Grenoble!

Un *post-scriptum* du *Journal des Débats* ajoutait : « Les dernières nouvelles de Bonaparte « sont d'hier, 7; à cette date, il était toujours « à Digne, dont on lui avait refusé les portes.

« Personne ne s'était réuni à lui. Il devait
« dans ce moment être entièrement *cerné*. On
« a sonné le tocsin dans tous les villages, et
« les paysans se sont armés pour lui *courir*
« *sus*. »

Les journaux du 10 ne contenaient qu'une
dépêche ainsi conçue : « *Monsieur* est arrivé
à Lyon le 8 ; S. A. R. a été reçue avec enthousiasme. » En revanche, on y trouvait des
adresses de la Cour de cassation, de la cour
des comptes et de la Cour royale, adresses où
les membres de ces trois cours protestaient à
l'envi « de leur fidélité et de leur amour pour
la personne sacrée de Louis XVIII et de leur
horreur pour ce grand coupable, pour cet
éternel ennemi de la France et du monde,
qui venait troubler le repos de la France et
de son roi. »

Ces mêmes cours, composées des mêmes
hommes, avaient fait les mêmes serments à Napoléon quelques mois auparavant. Il y a plus :
si, le 10 mars 1815, elles maudissaient l'Empereur dans les termes les plus violents, on devait les voir, à douze jours de là, épuiser de
nouveau, pour ce souverain, toutes les for-
mules de l'adulation ; puis, trois mois après,

on devait les entendre charger encore une fois Napoléon d'injures, et, courtisans infatigables, jurer derechef à Louis XVIII une inviolable fidélité ! Et l'on s'étonne, après de tels faits, que les institutions les plus saintes et les hommes en qui elles se personnifient perdent de leur prestige dans le respect des peuples !

Après ces adresses, venait la proclamation du maréchal Soult, ministre de la guerre, aux soldats.

« Cet homme qui naguère abdiqua aux yeux de toute l'Europe un pouvoir usurpé dont il avait fait un si fatal usage, *Buonaparte*, est descendu sur le sol français qu'il ne devait plus revoir,..

« Bonaparte nous méprise assez pour croire que nous pouvons abandonner un souverain légitime et bien aimé, pour partager le sort d'un homme qui n'est plus qu'un aventurier.

« Soldats ! l'armée française est la plus brave armée de l'Europe ; elle sera aussi la plus fidèle.

« Rallions-nous autour de la bannière des lys, à la voix de ce père du peuple, de ce digne héritier des vertus du grand Henri. Il mot à votre tête ce prince (le comte d'Artois), modèle des chevaliers français, dont l'heureux retour dans notre patrie a déjà chassé l'usurpateur, et qui, aujourd'hui, va par sa présence, détruire son seul et dernier espoir!!! »

La plume tombe des mains devant ses paroles outrageantes, quand on pense que ce ministre est le même maréchal qui, onze mois auparavant, vouait à l'exécration publique et à la mort « les hommes assez ennemis de la France pour douter du triomphe du grand et invincible empereur, » et qui devait accepter, à quelques semaines de là, les fonctions de major-général de l'armée de Napoléon !

L'odieuse proclamation du maréchal Soult avait été précédée d'une ordonnance royale, en date du 6 mars, affichée dans toutes les communes. Elle prescrivait à tout citoyen de *courir sus* à Napoléon, comme sur une bête fauve, de le prendre mort ou vif, et, si on le prenait vivant, de le traduire, avec ses compagnons, devant une commission militaire qui le ferait immédiatement fusiller.

Les journaux du lendemain 11 se bornaient

à dire : que « le comte d'Artois continuait à recueillir des habitants de Lyon des témoi-gnages éclatants de dévouement et de fidé-lité. » Le jour suivant, 12, on lisait : « Le bruit est généralement répandu que le duc d'Orléans, à la tête de 20,000 hommes, a repoussé Bonaparte au-delà de Bourgoin. »

A la même heure, au même moment où la foule, répandue dans tous les lieux publics de Paris, apprenait cette nouvelle, le duc d'Or-léans et le comte d'Artois, partis de Lyon depuis deux jours, rentraient dans Paris en fugitifs.

Ces princes étaient arrivés à Lyon le 8. Trois régiments formaient la garnison ; la garde nationale fut convoquée. Des visites aux différentes casernes, des revues rempli-rent la journée du 9 ; on distribua quelque argent aux soldats ; les officiers reçurent les plus magnifiques promesses. Vains efforts ! l'attitude de la troupe était contrainte, silen-cieuse ; la garde nationale à pied se montrait elle-même sans enthousiasme ; seuls, les gar-des nationaux à cheval déployaient une grande chaleur de dévouement.

Le maréchal Macdonald arriva le 10 au

matin, pendant que le frère de Louis XVIII
et le premier prince du sang passaient une
nouvelle revue place Bellecour. Les soldats,
s'étaient montrés encore plus froids que la
veille ; quelques incidents du plus fâcheux
augure venaient même de se produire. En
passant devant le front du 13e dragons, le
comte d'Artois ayant aperçu un sous-officier,
décoré de plusieurs chevrons, s'était appro-
ché et lui avait dit : « Allons, mon ami, crie
Vive le Roi ! — Non, monsieur, cela n'est pas
possible, avait répondu le dragon ; si je criais
quelque chose, ce serait : *Vive l'Empereur !* »

Le maréchal parut sur la place au moment
où les princes, découragés, inquiets même
pour leur sûreté personnelle, concertaient
déjà leur départ. Il combattit cette résolution,
donna aux troupes l'ordre de se rapprocher
du Rhône et de couper les deux ponts. Les
troupes obéirent. Mais quand les sapeurs
voulurent se mettre à l'œuvre, douze à quinze
mille ouvriers qui, depuis le matin, n'avaient
pas cessé d'entourer les soldats, déclarèrent
qu'ils ne souffriraient pas qu'on donnât un
seul coup de hache. On dut se borner à ren-
forcer les barricades et à faire prendre posi-

tion à deux bataillons chargés de les protéger.

Ces bataillons n'avaient pas encore accompli leur mouvement, lorsque des hussards, du 4°, formant l'avant-garde des troupes de Grenoble, précédés par un groupe assez nombreux d'officiers à demi-solde, et accompagnés ou suivis de toute la population de la Guillotière, parurent de l'autre côté du fleuve. Cette foule poussait des cris éclatants de : *Vive l'Empereur !* Ces cris sont bientôt répétés par les masses d'ouvriers réunis sur les quais du côté de la ville. Sur chaque rive du fleuve les chapeaux s'agitent, les acclamations se répondent ; enfin on crie : *Aux barricades !* Les hussards lancent leurs chevaux ; les dragons, obéissant à la même impulsion, se portent également sur les ponts ; les fantassins suivent ; les barricades sont attaquées des deux côtés ; on les renverse, on jette dans le Rhône les arbres et les poutres dont elles sont formées ; au bout de quelques instants les deux troupes se mêlent et s'embrassent. Lyon est aux troupes impériales.

Le maréchal Macdonald, témoin impuissant de cette scène, se sauva de toute la vitesse de son cheval. Une heure auparavant, aux premiers cris de *Vive l'Empereur !* poussés à l'avant-garde de la colonne impériale, les deux princes s'étaient enfuis par la route de Moulins. De tous les gardes nationaux à cheval, qui juraient le matin de se faire tuer pour leur cause, un seul eut le courage de les accompagner. Il fut récompensé de sa fidélité; le lendemain, l'Empereur le décora de la Légion d'honneur.

A cinq heures du soir, les régiments de Lyon franchirent les ponts, et, traversant le faubourg de la Guillotière, se précipitèrent au devant de Napoléon. A sept heures, l'Empereur, précédé seulement de quelques cavaliers entra dans la grande cité aux acclamations de 100,000 voix. Les ponts, les quais, les rues étaient encombrés d'hommes, de vieillards, de femmes et d'enfants accourus de tous les points de la ville, des bourgs et des villages voisins, et qui se jetaient jusque sous les pieds des chevaux pour voir Napoléon de plus près, pour l'entendre, pour toucher ses vêtements. C'était un véritable délire. Toute distinction de rangs avait disparu; maîtres et ouvriers, hommes du peuple et bourgeois, se pressaient les mains, s'embrassaient, et, s'abandonnaient aux démonstrations de la joie la plus vive.

Napoléon confia la garde de sa demeure et de sa personne à l'infanterie de la garde nationale. Les gardes nationaux à cheval offrirent leurs services. « Nos institutions, répondit l'Empereur, ne reconnaissent point de garde nationale à cheval; vous vous êtes, d'ailleurs, si mal conduits avec le comte d'Artois que je ne veux point de vous. »

L'Empereur passa les journées du 11 et du 12 mars à Lyon. Il reçut, comme à Grenoble, toutes les autorités, tous les corps constitués. Ce fut dans le chef-lieu du Rhône qu'il reprit l'exercice du pouvoir. Maître de la seconde ville de l'Empire, et de huit à dix régiments ; salué une seconde fois Empereur par toutes les populations qu'il venait de traverser, il tenait la cause des Bourbons pour une cause perdue ; leur règne était fini ; le sien devait commencer. Plusieurs décrets signalèrent sa prise de possession du commandement suprême.

Un de ces décrets déclarait dissoutes les deux Chambres des pairs et des députés, et ordonnait la réunion, à Paris, dans le cours du mois de mai suivant, sous le titre d'*Assemblée extraordinaire du champ de Mai*, des colléges électoraux des départements de l'Empire, « afin, disait le décret, de prendre des « mesures convenables pour corriger et mo- « difier nos constitutions, selon l'intérêt et la « volonté de l'nation, et pour assister au « couronneme   le l'Impératrice et du Roi de » Rome... »

CHAPITRE VI

MARCHE DE L'EMPEREUR SUR PARIS. — FUITE DE LOUIS XVIII

Dans la matinée du 13, l'Empereur quitta Lyon et, à trois heures, il entrait à Villefranche, petite ville de 4,000 âmes, qui en renfermait alors plus de 60,000. A sept heures du soir il arriva à Mâcon, précédé et suivi de toute la population des campagnes voisines. Sur toute cette route, les habitants d'un canton ne le quittaient qu'après l'avoir laissé aux mains des habitants du canton qu'il allait tra-

verser. Il témoigna aux Mâconnais son éton-
nement du peu de résistance qu'ils avaient opposé, l'année précédente, aux efforts de l'ennemi.

Voici en quels termes M. Fleury de Chaboulon, qui avait rejoint l'Empereur à Lyon,
raconte cet incident dans ses Mémoires :
« Un des adjoints du maire lui déclama
un long amphigouri qui· nous amusa beaucoup. Quand il eut fini, l'Empereur lui dit :
« Vous avez donc été bien étonnés d'apprendre
« mon débarquement ? — Ah ! parbleu, oui,
« répondit l'orateur. Quand j'ai su que vous
« aviez débarqué, j'ai dit à tout le monde :
« Il faut que cet homme-là soit fou, il n'en
« réchappera pas. » Napoléon ne put s'em-
pêcher de rire de cette naïveté. — Je
« sais, dit-il en souriant, que vous êtes
« un peu sujets à vous effrayer ; vous me l'a-
« vez prouvé dans la dernière campagne.
« vous auriez dû vous conduire comme l'ont
« fait les Châlonnais ; vous n'avez point sou-
« tenu l'honneur des Bourguignons. — Ce
« n'est point notre faute, Sire, reprit un des
« assistants ; nous étions mal dirigés ; vous
« nous aviez donné un mauvais maire. —

« Cela est possible ; nous avons tous fait des
« sottises ; il faut les oublier. Le bonheur et
« le salut de la France, voilà désormais le
« seul objet dont nous devons nous occuper. »
Il les congédia amicalement.

A Tournus, où l'Empereur arriva vers le
milieu de la journée du lendemain, et à Cha-
lon-sur-Saône, où il coucha, il combla en revanche les habitants d'éloges. Ces deux villes
avaient glorieusement résisté à l'invasion.
Chalon, place ouverte et sans garnison, avait
défendu pendant quarante jours le passage
de la Saône. Il y reçut une députation de
Saint-Jean-de-Losnes. Cette petite ville avait
également opposé aux Autrichiens la résistance la plus énergique. « Je ne puis me ren-
« dre chez vous, dit-il aux membres de la dé-
« putation ; je le regrette : dites à votre di-
« gne maire que je lui donne la croix ; car
« c'est pour vous, braves gens, que j'ai insti-
« tué la Légion d'honneur, et non pour les
« émigrés, pensionnés par nos ennemis. » Le
15, il vint coucher à Arnay-le-Duc, et le 16 à
Avallon.

L'enthousiasme du peuple des villes et des
gens de la campagne ne faiblissait pas. Par-

tout on se portait à sa rencontre, on le saluait comme le vengeur de l'honneur national, comme le protecteur des intérêts et des droits conquis par la Révolution.

Le 17, l'Empereur arriva à Auxerre, où il séjourna. Ses forces, grossies par différents régiments accourus des garnisons voisines au-devant de lui, s'élevaient en ce moment à quatre divisions. D'Auxerre à Frossard, dans une distance de près de vingt-cinq lieues, la route côtoie l'Yonne. Napoléon, pour alléger la fatigue des soldats et pour accélérer leur marche, fit embarquer les troupes. Il restait pour ainsi dire sans escorte. Que lui importait ? il pouvait continuer à avancer sans crainte ; quel que fût le régiment qu'il dût rencontrer, c'était un renfort qui lui arrivait. Ce qui se passa à Montereau en fut un singulier exemple. Plusieurs détachements de la maison du Roi, des gardes-du-corps entre autres, avaient été chargés de garder les ponts de cette ville. Le 6° lanciers, posté sur la route, éclairait les approches. Lorsque les soldats de ce régiment apprirent que l'Empereur n'était plus qu'à quelques lieues, ils tournèrent bride tout à coup, et, sans l'ordre d'aucun chef, sans autre inspiration que l'instinct militaire et le dévouement, ils chargèrent les gardes-du-corps, les obligèrent de prendre la fuite et s'établirent sur cette importante position. Telle était, au reste, la sécurité de l'Empereur que, lors du départ des troupes d'Auxerre, il avait transmis l'ordre suivant au général commandant l'avant-garde :

« Général Girard, on m'assure que vos trou-
« pes, connaissant le décret du 6 (qui ordon-
« nait de tuer l'Empereur) ont résolu, par
« représailles, de faire main-basse sur les
« royalistes qu'elles pourraient rencontrer.
« Vous ne rencontrerez que des Français; je
« vous défends de tirer un *seul* coup de fusil.
« Calmez vos soldats, démontez les bruits qui
« les exaspèrent; dites-leur que je ne vou-
« drais pas entrer dans ma capitale à leur
« tête, si leurs armes étaient souillées de sang
« français. »

Les Bourbons et leurs ministres tenaient un autre langage ; il n'était pas un seul de leurs ordres qui ne portât la mort au bout.

C'est à Auxerre que le prince de la Moskowa rejoignit l'Empereur. Le maréchal Ney se trouvait en Normandie lorsque la nouvelle du débarquement de l'île d'Elbe était arrivée aux Tuileries. Louis XVIII le fit appeler pour lui confier le commandement du petit corps d'armée réuni à Besançon. Ney promit au roi d'arrêter Napoléon, et, dit-on, de le lui amener dans une cage de fer. Le maréchal était de bonne foi, mais il ne put résister à l'entraînement de ses troupes. Arrivé le soir à Auxerre, il fit demander à l'Empereur la permission de justifier, par écrit, la conduite qu'il avait tenue avant et depuis les événements de Fontainebleau. — « Qu'ai-je besoin de justification ? répondit Napoléon. Dites-lui que je l'aime toujours et que je l'embrasserai demain.

« Embrassez-moi, mon cher maréchal, dit Napoléon, le lendemain, en apercevant le prince de la Moscowa ; je suis bien aise de vous revoir ; je n'ai pas besoin d'explication ni de justification ; je vous ai toujours honoré et estimé comme le *brave des braves.* »

L'Empereur, après avoir engagé le maréchal à écrire à Paris pour que les patriotes s'abstinssent de toute collision, le congédia en lui disant : « Il faut que notre triomphe soit pur comme la cause que nous servons ! »

Le lendemain 19, l'Empereur, sans autre escorte que trois aides de camp et quelques lanciers polonais, traversait Joigny et s'arrêtait à Sens. Le 20, à quatre heures du matin, il arrivait à Fontainebleau. Il y avait onze mois, jour pour jour, qu'il avait quitté cette résidence.

Pendant la marche triomphale de ce redoutable adversaire, le Roi et ses ministres ne savaient qu'imaginer pour se concilier l'armée, reconquérir la confiance de la population et réunir des forces suffisantes pour arrêter celui qu'on s'obstinait encore à considérer comme un aventurier.

Mais, tandis que Louis XVIII demandait à ces mesures tardives le maintien de son trône et la conservation de sa couronne, le télégraphe apprenait à ce prince que, soulevant les départements au seul bruit de ses pas, entraînant les populations derrière lui, l'Empereur poursuivait ses succès, escorté par les soldats chargés de lui barrer le passage. En voyant le peuple lui échapper dans les villes, dans les campagnes comme dans l'armée, le Roi voulut du moins rattacher à sa cause les classes qui avaient accueilli avec le plus de faveur son avénement.

Le 15 mars, le Roi fit dire aux Chambres que, le lendemain, il se rendrait au milieu d'elles. Un vif sentiment d'intérêt et de curiosité régnait dans tout le public officiel; lorsque le 16, à trois heures de l'après-midi, accompagné des membres de sa famille, entouré par les grands officiers de sa maison et par les ministres, suivi d'un nombreux cortége de maréchaux et de généraux de tous les régimes et de toutes les dates, Louis XVIII parut dans la salle du Palais Bourbon. Un trône lui avait été préparé, il y prit place, et prononça un discours fort bien pensé et fort bien dit, qui fut accueilli par les plus vifs applaudissements.

Ce discours se terminait ainsi :

« Je ne crains rien pour moi, mais je crains pour la France. Celui qui vient allumer parmi nous les torches de la guerre civile y apporte aussi le fléau de la guerre étrangère ; il vient remettre notre patrie sous son joug de fer ; il vient enfin détruire cette Charte constitutionnelle que je vous ai donnée ; cette Charte, mon plus beau titre aux yeux de la postérité;

cette Charte que tous les Français chérissent, et que je jure ici de maintenir.

« Rallions-nous donc autour d'elle ! qu'elle soit notre étendard sacré ! Les descendants de Henri IV s'y rangeront les premiers : ils seront suivis de tous les bons Français. »

Le plus grand nombre des pairs et des députés se levèrent, et, debout, les mains étendues vers le monarque, poussèrent des acclamations passionnées. On n'entendait que les cris de : *Vive le Roi ! Mourir pour le Roi ! Le Roi à la vie et à la mort !* Promesses vaines et qui ne devaient pas survivre à l'émotion qui les avait produites.

Ces serments et cette scène arrivaient trop tard. Un mois plus tôt ils auraient peut-être rallié aux Bourbons, non le peuple ni les soldats, du moins une partie de la bourgeoisie. Mais le 16 mars, alors que Napoléon était à quarante lieues de Paris, que pouvaient ces engagements tardifs ? On ne vit dans les paroles prononcées par le Roi qu'un cri de détresse. L'élan, d'ailleurs, était donné : les soldats entraînaient leurs officiers et leurs généraux ; le peuple des villes et des campagnes emportait les classes moyennes ainsi que les autorités de tous les ordres ; aucune force ne pouvait plus arrêter le torrent ; le mouvement révolutionnaire qui poussait encore une fois les Bourbons hors du territoire était irrésistible.

La soirée du 16 et la journée du 17 se passèrent en manifestations tumultueuses. Des groupes nombreux parcouraient les principales rues en poussant les cris de : *Vive le Roi ! A bas le tyran !* Sur les places on voyait se succéder des détachements de volontaires qui, précédés de drapeaux blancs et ayant pour uniformes des chapeaux à la Henri IV, surmontés d'un panache blanc, allaient, à grand bruit, chercher des armes ou prendre position sur les routes de Melun ou de Fontainebleau, promettant la capture de Bonaparte et de sa bande. Le dévouement débordait : généraux, simples officiers, préfets, corps municipaux, corps judiciaires, l'inoffensive milice de l'Université elle-même, en un mot tout ce qui tenait au budget, jurait de se lever et de combattre, et mettait « sa fortune et sa vie aux pieds d'un maître adoré ! »

Le lendemain, 18, à la suite d'un long article rempli d'invectives contre l'Empereur et qui se terminait par ce cri, promesse de tous les gouvernements qui arrivent, recours suprême de tous les pouvoirs qui tombent : *Vive la Patrie ! Vive la Liberté !* les journaux publièrent la dépêche suivante, au moment où l'Empereur approchait de Fontainebleau :

« La désertion continue d'une manière *étonnante* dans la petite troupe de Buonaparte. Si l'on en croit les bruits répandus ce matin, le général Marchand serait rentré dans Grenoble et l'aurait remise, aux acclamations unanimes des habitants, sous l'autorité du Roi. D'autres bruits donnent lieu de penser que Lyon a de même secoué le joug. »

A la même heure où la censure et la police faisaient publier dans les journaux ou afficher sur tous les murs de Paris ces étranges nouvelles, les gardes du corps, que le 9ᵉ lanciers avait chassés de Montereau, et qu'un régiment de cuirassiers, détaché à Melun, avait à son tour poursuivis jusque dans la forêt de Sénard, rentraient aux Tuileries, annonçant que l'Empereur avait dépassé Sens dès la veille. Ces nouvelles furent pour M. de Blacas un véritable coup de massue. Frappé d'épouvante, il s'empressa de les porter au Roi et de lui conseiller de s'enfuir.

Louis XVIII prit la résolution de se retirer à Lille. On sait que, ne trouvant en France aucune sécurité, le malheureux roi fut obligé de se réfugier à Gand.

Le 19, vers dix heures du soir, un mouvement inaccoutumé se fit remarquer dans les appartements de la famille royale, et à minuit, plusieurs voitures de voyage vinrent se ranger auprès de l'escalier du pavillon de Flore.

Après quelques instants d'une attente silencieuse, la porte des appartements intérieurs s'ouvrit et laissa paraître Louis XVIII qui, infirme et souffrant, appuyé sur les bras du comte de Blacas et du duc de Duras, et précédé d'un huissier portant deux flambeaux, descendit lentement vers la cour, en jetant ces mots aux groupes qui se pressaient sur son passage : « Je vous remercie, mes en-« fants; votre attachement me touche; mais « j'ai besoin de repos, je vous reverrai ! » Le temps était affreux; la violence du vent éteignait les lumières; la pluie tombait par torrents. Le roi ne voulut point d'escorte. Il était minuit un quart lorsqu'il sortit de la cour des Tuileries, seul, fuyant de toute la vitesse de ses chevaux vers la frontière du Nord, sous la double protection de la tempête et des ténèbres, sans qu'un seul des milliers de généraux, de fonctionnaires, de volontaires et de courtisans, qui juraient depuis trois semaines de mourir sur les marches de son trône, eût essayé même de tirer l'épée pour le défendre !

Une heure après, le comte d'Artois et le duc de Berri, son fils, prenaient à leur tour la route de Flandre. Dans la nuit, tous les ministres et les hauts fonctionnaires les plus compromis quittèrent également Paris.

Il était à peu près dix heures du matin quand la foule commença à envahir la place du Carrousel et les rues voisines. Toutes les grilles de la cour des Tuileries et du jardin étaient fermées, la garde nationale occupait à l'intérieur les postes et les portes. Cette fermeture, le silence que l'on pouvait remarquer dans toutes les parties du palais, confirmèrent les soupçons de la foule : plus de doute, les Bourbons s'étaient enfuis ! Des cris de *Vive l'Empereur !* se firent alors entendre sur tous les points; quelques groupes, plus animés, essayèrent bientôt d'ouvrir les grilles; ils voulaient, disaient-ils, occuper les Tuileries pour l'Empereur. La garde nationale résista; des deux côtés on en était venu aux injures et aux menaces, et la colère de la foule prenait un caractère inquiétant, lorsque, vers midi, un bruit grondant dans le lointain et qui ne cessait de se rapprocher vint détourner l'attention de tous les groupes.

C'était le général Exelmans qui, revêtu de son uniforme et la cocarde tricolore au chapeau, revenait de Saint-Denis où il s'était rendu pour soulever les troupes et les ramener à Paris.

La présence du général termina la querelle. Il se fit ouvrir les grilles et s'installa au château. Peu d'instants après, le drapeau blanc était enlevé et la foule saluait de ses hourras un immense drapeau tricolore arboré sur le pavillon de l'Horloge.

Tant que dura le jour, cette foule, où se pressaient surtout les classes laborieuses, se maintint compacte et enthousiaste dans la cour du Palais et sur la place du Carrousel. Vers le soir, le plus grand nombre, fatigué d'attendre, se retira. Enfin, à huit heures, un grand bruit de chevaux et de voitures, arrivant du côté du quai, annonça l'approche de Napoléon, qui venait de franchir deux cent trente lieues en vingt jours, et sans que ses soldats eussent tiré un coup de fusil.

Sa voiture, précédée par un groupe nombreux de généraux qui s'étaient portés à sa rencontre, n'avait pour escorte qu'une centaine de cavaliers de tous les corps ; elle ne put franchir qu'à grand'peine le guichet de la cour, tant étaient compactes les groupes qui se précipitaient au-devant des chevaux. L'Empereur, saisi, enlevé par cent bras qui se disputaient l'honneur de l'aider à descendre, fut littéralement porté jusqu'à l'intérieur du palais ; ses pieds ne touchèrent point la terre.

Profondément ému d'un pareil accueil, Napoléon, pour la première fois de sa vie, dit M. Thiers, laissa échapper des larmes, et, quand ceux qui le portaient l'eurent déposé à l'entrée des appartements, il marcha devant lui sans reconnaître personne, abandonnant ses mains à ceux qui les serraient, les baisaient, les meurtrissaient de leurs énergiques témoignages.

Ayant repris son calme, il reconnut ses plus fidèles serviteurs et les embrassa avec effusion ; puis, sans prendre un moment de repos, il s'enferma avec eux pour composer un gouvernement.

Son ministère fut formé de ces hommes éminents que leur expérience et leur capacité recommandaient à la confiance du pays : Cambacérès à la justice, Carnot à l'intérieur, le maréchal Davoust à la guerre, Decrès à la marine, Caulincourt aux affaires étrangères, Gaudin aux finances, Molien au trésor et Bassano à la secrétairerie d'Etat. Le seul choix regrettable fut celui de Fouché à la police ; mais Napoléon s'était dit qu'il valait mieux avoir ce traître sous sa main que de laisser libre de recommencer ses intrigues.

Ainsi s'acheva cette mémorable journée du 20 mars, commencée dans la forêt de Fontainebleau et terminée à Paris au milieu des acclamations nationales.

———

Après avoir emprunté à M. Thiers et à M. de Vaulabelle le récit de la rentrée de

Napoléon en France, ouvrons les *Mémoires* de
CHATEAURIAND (6° volume.)

Il ne faut que deux pages au grand écrivain
de la Restauration pour retracer cette merveilleuse épopée.

« Une nuit, entre le 25 et le 26 février, au
sortir d'un bal dont la princesse Borghèse faisait les honneurs, IL s'évade avec la victoire,
longtemps sa complice et sa camarade ; il
franchit une mer couverte de nos flottes, rencontre deux frégates, un vaisseau de 74 et le
brick de guerre le *Zéphir* qui l'accoste et l'interroge. Il répond lui-même aux questions du
capitaine : la mer et les flots le saluent. Il
poursuit sa course. Le tillac de l'*Inconstant*,
son petit navire, lui sert de promenoir et de
cabinet ; il dicte au milieu des vents et fait
copier sur cette table agitée ses proclamations
à l'armée et *à la France*. Quelques felouques,
chargées de ses compagnons d'aventure, portent autour de sa baraque amirale pavillon
blanc semé d'abeilles. Le 1ᵉʳ mars, à trois
heures du matin, il aborde la côte de France
entre Cannes et Antibes, dans le golfe Juan.
Il descend, parcourt la rive, cueille des vio-
lettes et bivouaque dans une plantation d'oli-

viers. La population stupide se retire. Il manque Antibes et se jette dans les montagnes de Grasse, traverse Céranon, Barême, Digne, Gap. A Sisteron, vingt hommes le peuvent arrêter et il ne trouve personne. Il s'avance sans obstacle... Dans le vide qui se forme autour de son ombre gigantesque, s'il entre quelques soldats, ils sont invinciblement entraînés par l'attraction de ses aigles. Ses ennemis, fascinés, le cherchent et ne le voient pas. Il se cache dans sa gloire, comme le lion du Sahara se cache dans les rayons du soleil pour se dérober aux regards des chasseurs éblouis. Enveloppés dans une trombe ardente, les fantômes sanglants d'Arcole, de Marengo, d'Austerlitz, d'Iéna, de Friedland, d'Eylau, de la Moscowa, de Lutzen, de Bautzen, lui font cortége avec un million de morts. Du sein de cette colonne de feu et de nuée sortent, à l'entrée des villes, quelques coups de trompette mêlés aux signaux du *Labarum* tricolore, et les portes des villes tombent. Lorsque Napoléon passa le Niémen, à la tête de quatre cent mille fantassins et de cent mille chevaux pour faire sauter le palais des czars à Moscou, il fut moins étonnant que lorsque, rompant son ban, jetant ses fers aux visages des rois, il vint, seul, de Cannes à Paris, coucher paisiblement aux Tuileries. »

Pour arrêter le géant dans sa marche, qu'imagina le gouvernement des Bourbons ? Châteaubriand va nous le dire dans ce style qui n'appartient qu'à lui :

« La grande mesure décrétée contre Bonaparte fut un ordre de *courir sus.* Louis XVIII, sans jambes, *courir sus* le conquérant qui enjambait la terre ! Cette formule des anciennes lois, renouvelée à cette occasion, suffit pour montrer la portée d'esprit des hommes d'Etat de cette époque. *Courir sus,* en 1815 ! *Courir sus !* et sus quoi ? sus un loup ? sus un chef de brigands ? *sus* un seigneur félon ? Non : *sus* Napoléon, qui avait *couru sus* les rois, les avait saisis et marqués pour jamais à l'épaule de son N ineffaçable ! »

<hr>

CHAPITRE VII

LES CENT JOURS. — WATERLOO. — LES CHAMBRES.
LE PRINCE IMPÉRIAL.

Le lendemain, 21, après quelques heures

de repos, Napoléon recommença cette active correspondance au moyen de laquelle il faisait mouvoir si puissamment les ressorts de l'Etat. Tout était à reconstituer : l'administration, les finances aussi bien que l'armée. Pour suffire à cette immense tâche, il fallut à Napoléon cette activité infatigable et ce prodigieux génie qui ne se rencontrèront jamais au même degré dans aucun homme. L'armée comptait à peine 170,000 soldats sous les drapeaux, et il en fallait 600,000 pour tenir tête à la coalition ! Les fusils, les canons, les chevaux, les équipements, les munitions, les moyens de transport ; tout manquait. Deux mois suffirent à l'Empereur pour créer et approvisionner cette armée de héros, qui vainquit les Prussiens à Ligny, qui, sans la trahison de Bourmont et l'incapacité de Grouchy, aurait écrasé les Anglais à Waterloo et, par cette double victoire, imposé la paix à l'Europe.

« A sa rentrée triomphante de l'île d'Elbe, dit un républicain, Napoléon trouva notre trésor à sec, nos arsenaux vides, notre armée désorganisée et réduite à rien ; la plupart de nos ateliers fermés et nos ouvriers inoccupés.

« Dès le lendemain, l'armée se réorganisait, les arsenaux se remplissaient, 40 millions étaient mis à la disposition de l'industrie pour la ranimer, le travail reprenait avec cette fiévreuse activité que Napoléon communiquait à tout, et les ouvriers se disaient entre eux : « On voit bien que le *grand entrepreneur* est revenu ! »

Les préparatifs de guerre n'absorbaient pas toute la sollicitude de l'Empereur. Pour répondre à l'attente des libéraux et tenir les promesses qu'il leur avait faites en rentrant en France, il fallait réunir les Chambres ainsi que les électeurs des assemblées primaires; il fallait, surtout, réviser les anciennes constitutions de l'Empire et les accommoder aux exigences de l'esprit du temps. Il se fit aider dans cette dernière tâche par le célèbre Benjamin Constant, qui jusqu'alors n'avait cessé de lui faire la plus vive opposition. La conversation de l'Empereur avec le chef du parti libéral a été conservée par ce dernier ; elle mérite d'être rapportée :

« La nation, disait Napoléon à Benjamin Constant, veut ou croit vouloir une tribune et des Assemblées. Elle ne les a pas toujours voulues. Ello s'est jetéo à mes pieds quand jo suis arrivé au gouvernement. Vous devez vous en souvenir, vous qui essayâtes do l'opposition. Où était votre appui, votre force ? Nulle part. J'ai pris moins d'autorité qu'on ne m'invitait à en prendre... Aujourd'hui, tout est changé. Le goût des constitutions, des débats, des harangues paraît revenu... Cependant, co n'est que la *minorité* qui les veut, ne vous y trompez pas. Le peuple ou, si vous l'aimez mieux la multitude, ne veut quo moi. Vous ne l'avez pas vue, cette multitude, se pressant sur mes pas, se précipitant du haut des montagnes, m'appelant, me cherchant, me saluant ! De Cannes ici, je n'ai pas conquis, j'ai administré.

« Jo ne suis pas seulement, comme on l'a dit, l'empereur des soldats, je suis celui des paysans, des plébéiens de la France.., Aussi, malgré tout le passé, vous voyez le peuple revenir à moi. Il y a sympathie entre nous. Co n'est pas comme avec les privilégiés. La noblesse m'a servi, elle s'est lancée dans mes antichambres. J'ai eu des Montmorency, des Larochefoucauld, des Noailles, des Rohan, des Beauvcau, des Mortemart ; mais il n'y a jamais ou analogie. Le cheval faisait des courbettes; il était bien dressé, mais je le sentais frémir. Avec le peuple, c'est autre chose. La fibre populaire répond à la mienne; je suis sorti des rangs du peuple, ma voix agit sur lui. Voyez ces conscrits, ces fils de paysans; je ne les flattais pas, je les traitais rudement; ils ne m'entouraient pas moins, ils ne criaient pas moins; Vive l'Empereur!

« C'est qu'entre eux et moi il y a même nature. Ils me regardent comme leur soutien, leur sauveur contre les nobles et les prêtres...

« S'il y a des moyens de gouverner avec une constitution, je ne demande pas mieux que d'essayer.

« Voyez donc ce qui vous semble possible ; apportez-moi vos idées. Des discussions publiques, des élections libres, des ministres responsables, la liberté de la presse : je veux tout cela... Je suis l'homme du peuple; si le peuple veut la liberté, je la lui dois. J'ai reconnu sa souveraineté ; il faut que je prête l'oreille à ses volontés, même à ses caprices. Je n'ai jamais voulu l'opprimer pour mon plaisir. J'avais de grands desseins; le sort en a décidé... Je n'ai plus qu'une mission: relever la

France et lui donner un gouvernement qui lui convienne. »

Pénétré des idées de l'Empereur, Benjamin Constant se mit à l'œuvre et rédigea, sous le titre de : *Acte additionnel aux constitutions de l'Empire*, la constitution la plus libérale qui, selon M. Thiers, ait été donnée à la France. Elle fut soumise à l'acceptation du peuple et adoptée dans ses assemblées primaires, à la presque unanimité, puis ratifiée, le 1er juin, au milieu des acclamations nationales, par le Souverain, les grands corps de l'Etat, les représentants des départements et par l'armée, dans la grande solennité du Champ-de-Mars.

C'est au sortir de cette solennité que Napoléon, après avoir ouvert les Chambres et reçu leurs adresses de félicitations, fit ses préparatifs de départ pour se rendre, à la tête de ses troupes, sur les derniers champs de bataille où il allait jouer sa fortune et celle de la France.

Tout le monde connaît cette campagne immortelle, la plus savamment combinée, la plus habilement conduite, où le génie du chef ne fut égalé que par l'héroïsme de ses soldats et où leur défaite surpassa les plus glorieux triomphes.

Le temps n'en effacera jamais le souvenir dans l'âme de la France, pas plus qu'il n'effacera la honte de cette Assemblée de prétendus députés du pays, qui, se laissant conduire par des traîtres et des lâches, ont mis le comble à nos malheurs en se précipitant aux pieds de nos ennemis et en leur livrant, avec les débris de nos bataillons, le grand homme que les boulets anglais et prussiens avaient épargné.

Si ces indignes représentants ont eu, de nos jours, des imitateurs ; si après le désastre de Sedan comme après celui de Waterloo, il s'est trouvé, dans une Assemblée française, des traîtres et des lâches pour insulter nos héroïques vaincus et livrer la France à l'étranger, la honte des uns n'efface pas celle des autres ; ils passeront ensemble à la postérité, également flétris, également courbés sous le poids de l'exécration publique ; tandis que chaque jour ajoute à la gloire des souverains qui ont été leurs victimes et des braves qui sont morts à leur côté pour la défense de la patrie !

Les réactionnaires et les démagogues ne peuvent comprendre cette indestructible popularité qui s'attache au nom de Napoléon, qui survit à tous les désastres et ne fait que grandir avec le temps. Ils n'y voient qu'une folie de la France !

M. de Châteaubriand va la leur expliquer en la justifiant.

« Bonaparte, dit-il, n'est point grand seulement par ses paroles, ses discours, ses écrits..., il est grand pour avoir créé un gouvernement régulier et puissant, un code de lois adoptées en divers pays, des cours de justice, des écoles, une administration forte, active, intelligente, et sur laquelle nous vivons encore ; il est grand pour avoir ressuscité, éclairé et géré supérieurement l'Italie ; il est grand pour avoir fait renaître en France l'ordre du sein du chaos, pour avoir relevé les autels, pour avoir réduit de furieux démagogues, d'orgueilleux savants, des littérateurs anarchiques, des athées voltairiens, des orateurs de carrefours, des égorgeurs de prison et de rue, des claque-dents de tribunes, de clubs et d'échafauds, pour les avoir réduits à servir sous lui,... il est grand pour avoir forcé des soldats ses égaux, des capitaines, ses chefs ou ses rivaux, à fléchir sous sa volonté ; il est grand surtout pour être né de lui seul, pour avoir su, sans autre autorité que celle de son génie, se faire obéir par trente-six millions de sujets, à l'époque où aucune illusion n'environne les trônes ; il est grand pour avoir abattu tous les rois, ses opposants ; pour avoir défait toutes leurs armées, quelle qu'ait été la différence de leur discipline et de leur valeur ; pour avoir appris son nom aux peuples sauvages comme aux peuples civilisés ; pour avoir surpassé tous les vainqueurs qui le précédèrent ; pour avoir rempli dix années de tels prodiges qu'on a peine aujourd'hui à les comprendre. » (*Mémoires d'outre-tombe.*)

Quelques pages avant Châteaubriand disait :

« Le monde appartient à Bonaparte. Ce que le ravageur n'avait pu achever, sa renommée l'usurpe. Vivant, il a manqué le monde ; mort, il le possède. Vous avez beau réclamer, les générations passent sans vous écouter ! »

Et, comme quelqu'un demandait à Châteaubriand pourquoi, après avoir si violemment attaqué Napoléon, il l'admirait à ce point,

l'illustre écrivain répondit : « Il a fallu que
le géant fût tombé pour que je pusse mesurer
sa grandeur ! »

———

Aux glorieux souvenirs qui rendent le nom
de Napoléon si cher au pays, Napoléon III a
su ajouter ceux d'une prospérité telle que,
malgré les milliards et les provinces que
nous ont coûtés les Prussiens et ces hommes
du 4 Septembre, qui les ont aidés à nous
vaincre, la France est encore aujourd'hui la
plus riche des nations.

Que lui faut-il pour renaître dans toute sa
force et toute sa splendeur ? Elle le sait bien.
Qu'on l'interroge, et sa réponse ne se fera
pas attendre.

Elle sait que, dans un pays voisin, le reje-
ton des seuls souverains qu'elle ait acclamés
se prépare, par la méditation et l'étude, à
continuer dignement la glorieuse et populaire mission de ses deux ancêtres ; elle sait
aussi que son père, dans l'exil, ne lui a rien
laissé ignorer de tout ce qu'il doit savoir sur
les hommes et sur les choses ; elle sait de
plus que ce jeune prince a reçu de la Provi-

dence tous les dons qui le rendent capable d'ajouter encore à la gloire de son nom.

Mais, dit-on, le Prince Impérial est bien jeune !

En effet, il n'a encore que vingt ans.

Ceux qui lui reprochent sa jeunesse oublient l'histoire.

A quel âge les plus illustres souverains ont-ils commencé à régner ?

Alexandre le Grand avait seize ans ; Auguste, dix-huit ; Louis XIV, treize ; Charles XII, de Suède, quinze ; le czar Pierre le Grand, dix-sept, l'âge de ce jeune Alphonse que l'Espagne vient de rétablir sur le trône de ses ancêtres, et dont elle attend le salut.

Qu'on se rassure. Avec le sang généreux qui coule dans ses veines et l'éducation qu'il a reçue, complétée et fortifiée par les leçons du malheur, l'héritier des Napoléon ne sera point inférieur à ses glorieux modèles ; il saura se montrer digne de ses hautes destinées.

« Dans les âmes bien nées,
« La valeur n'attend pas le nombre des années. »

FIN

OUVRAGES DE M. PERRON

Ils en ont menti. Par un rural. (Quarante-deuxième édition) . . . . » 25

Finissons-en. (Cinquième édition). . » 25

Le Réveil de la France. (Nouvelle édition) . . . . » 25

Les Testaments de nos derniers Souverains : Louis XVI, Marie-Antoinette, Napoléon Ier, Napoléon III, avec le récit de leurs derniers moments . . . . » 50

Manuel démocratique des droits et des devoirs. Résumé des principes *religieux, politiques, sociaux* . . . . » 50

Se trouve à la même Librairie :

L'Empire et le Clergé français, par *l'abbé T...* . . . . » 25

A LA LIBRAIRIE AMYOT

8, rue de la Paix, 8

3591.75. — Boulogne (Seine). — Imp. Jules Boyer.

www.ingramcontent.com/pod-product-compliance
Lightning Source LLC
Chambersburg PA
CBHW051550050726
47595CB00002B/715